Camus | L'Hôte

Lektüreschlüssel XL

für Schülerinnen und Schüler

Albert Camus
L'Hôte

Von Pia Keßler

Reclam

Dieser Lektüreschlüssel bezieht sich auf folgende Textausgabe:
Albert Camus: *L'Hôte. Le Premier Homme. Extraits d'un roman inachevé.* Hrsg. von Karl Stoppel. Stuttgart: Reclam, 1997 [u. ö.]. (Universal-Bibliothek. 9041.)

Lektüreschlüssel XL | Nr. 15471
2017 Philipp Reclam jun. GmbH & Co. KG,
Siemensstraße 32, 71254 Ditzingen
Druck und Bindung: Canon Deutschland Business Services GmbH,
Siemensstraße 32, 71254 Ditzingen
Printed in Germany 2017
RECLAM ist eine eingetragene Marke
der Philipp Reclam jun. GmbH & Co. KG, Stuttgart
ISBN 978-3-15-015471-7

Auch als E-Book erhältlich

www.reclam.de

Inhalt

1. Schnelleinstieg 7
2. Inhaltsangabe 11
3. Figuren 15
    Daru 15
    Balducci 16
    Der Araber 18
    Figurenkonstellationen 20
4. Form und literarische Technik 24
    Aufbau und Struktur: *L'Hôte* als Novelle 24
    Die Dramenform der Novelle 27
5. Quellen und Kontexte 31
    Le Mythe de Sisyphe (1942) 31
    Chroniques Algériennes (1958) 34
    Lettre à un Militant Algérien (1958) 37
    Appel pour une Trêve Civile en Algérie (1958) 41
    Disours de Suède (1957) 42
6. Interpretationsansätze 45
    Analyse der Novelle 45
    Philosophische Interpretation 55
    Gesellschaftlich-politische Interpretation 58
7. Autor und Zeit 62
8. Rezeption 68
    L'Hôte als *bande dessinée* 68
    L'Hôte als Film: *Loin des Hommes* (2014) 69
9. Prüfungsaufgaben mit Lösungshinweisen 74
10. Literaturhinweise/Medienempfehlungen 84

Inhalt

11. Anmerkungen 87

12. Zentrale Begriffe und Definitionen 89

1. Schnelleinstieg

Autor	Albert Camus, 7.11.1913 (Französisch-Nordafrika, heute: Algerien) – 4.1.1960 (Frankreich)
Entstehungszeit	1957
Gattung	Novelle
Ort der Handlung	Eine Hochebene in der Kabylei (Region im Norden Algeriens)
Zeit der Handlung	• Dauer: 2 Tage • Zeitpunkt: kurz vor Ausbruch des algerischen Unabhängigkeitskrieges (1954–62)

Camus' Werke und Themen sind heute, obwohl der Autor bereits 1960 starb, nach wie vor aktuell. Sie sind zeitlos. Bei Camus' Figuren handelt es sich fast immer um Menschen in Krisenzeiten, Menschen, die vor einer lebenswichtigen Entscheidung stehen. Themen wie Gerechtigkeit, persönliche Lebensentwürfe in Zeiten von Fremdherrschaft und sozialpolitischer Wirren, Umgang mit Macht und kulturelle Zerrissenheit prägen seine Werke. Interessant ist auch die Möglichkeit der Identifikation mit seinen Protagonisten, das Nachvollziehen ihrer Handlungsweisen und auch

lebenswichtig: vital, e; de première nécessité | **Gerechtigkeit:** la justice | **Lebensentwurf:** la conception de la vie | **Fremdherrschaft:** la domination étrangère | **Wirren:** les troubles (*m. pl.*) | **Zerrissenheit:** le déchirement | **etw. nachvollziehen:** arriver à comprendre qc

1. Schnelleinstieg

der damit verbundene <u>Perspektivwechsel</u>. Dies trifft in besonderem Maße für *L'Hôte* zu, eine knappe und komprimierte Novelle, die – im Vergleich zu Camus' Essays und philosophischen Schriften oder seinen großen Romanen (z. B. *La Peste*) – auch vom Umfang her leichter zu <u>bewältigen</u> ist.

■ Der Titel »L'Hote«

Bereits der Titel *L'Hôte* bietet Interpretationsmöglichkeiten. Das Wort kann sowohl »Gast« als auch »Gastgeber« bedeuten. Wer ist Gast? Der Gefangene, der dem Protagonisten aufgezwungen wird? Wer ist »Gastgeber«? Der Lehrer, der eigentlich keine Wahl hat, den »Gast« abzulehnen? Sicherlich beabsichtigt Camus hier auch, die Bedeutung, über die die <u>Gastfreundschaft</u> in der islamischen Kultur verfügt, zu thematisieren. Obwohl der Araber eine potenzielle <u>Bedrohung darstellen</u> könnte – immerhin ist er ein Verbrecher –, nimmt Daru ihn auf und folgt den Höflichkeitsregeln der Gastfreundschaft, indem er ihn mit Tee und Nahrung versorgt. Diese Gastfreundschaft vollzieht sich jenseits der <u>Kluft</u>, die die beiden Welten, die des Gastgebers und die des Gastes, trennt. Sie ist somit auch Ausdruck von Camus' <u>aufgeklärtem Humanismus</u>.

■ Der engagierte Schriftsteller

Camus war nicht nur Schriftsteller, er war auch ein bedeutender Philosoph sowie ein kritischer und

Perspektivwechsel: le changement de perspectives (*f. pl.*) | **etw. bewältigen:** venir à bout de qc | **Gastfreundschaft:** une hospitalité | **eine Bedrohung darstellen:** représenter une menace | **Kluft:** le clivage | **aufgeklärter Humanismus:** un humanisme éclairé

1. Schnelleinstieg

engagierter Journalist. Er lebte für seine Ideen, und jedes seiner Werke ist Ausdruck seines kritischen, von tiefer Menschlichkeit zeugenden existentialistischen Denkens. Unter ›existentialistischem Denken‹ versteht man ein Denken, das nicht von dem Glauben an einen Gott geleitet wird, sondern gewissermaßen vorher anfängt, bei der Existenz und den Grunderfahrungen, die für alle Menschen gleich sind. Der Mensch ist seine Existenz und diese Existenz geht allem voraus. Jean-Paul Sartre, einer der wichtigsten Vertreter des französischen Existenzialismus, hat es so formuliert: »L'existence précède l'essence«.[1] In Frankreich war die philosophische Richtung des Existentialismus nach dem Zweiten Weltkrieg eine der entscheidenden philosophischen Strömungen. Ihre Hauptvertreter waren Sartre und Camus.

L'Hôte ist eine Novelle, die auf eindringliche und leicht verständliche Weise den französisch-algerischen Konflikt behandelt. Darüber hinaus eröffnet sie zum einen den Zugang zu Camus' Philosophie des Absurden und zum anderen zu seinem sozialkritischen Engagement. So spielt die Erzählung vor dem Hintergrund der Konflikte zwischen arabischen und französischen Algeriern in der französischen Kolonie kurz vor Beginn des algerischen Unabhängigkeitskrie-

■ Das Absurde

---

engagiert: engagé, e | **Ausdruck sein von:** exprimer qc | **Menschlichkeit:** l'humanité (*f.*) | **existentialistisches Denken:** une manière de penser existentialiste | **eindringlich:** avec insistance (*f.*) | **Unabhängigkeitskrieg:** la guerre d'indépendance (*f.*)

1. Schnelleinstieg

ges (1954–62). Camus stellt heraus, dass der Mensch eine Wahl treffen muss, dass es eine neutrale Haltung nicht geben kann. Er muss die Ausweglosigkeit akzeptieren, um diese Wahl sodann als eine Freiheit, die als eine Revolte gegen ebendiese Ausweglosigkeit interpretiert werden kann, zu empfinden.

■ Camus und Daru

Der Lehrer Daru trägt autobiographische Züge Camus': Camus war gespalten zwischen seiner Sympathie für die Befreiungsbestrebungen der algerischen Bevölkerung einerseits und seiner Position des Außenseiters als *pied-noir* andererseits. Er votierte für eine gemeinsame Zukunft französischer und arabischer Algerier in einem weitgehend autonomen Algerien.[2] Ebenso wie Daru wurde auch Camus für seine unentschiedene, differenzierende Position von beiden Seiten scharf kritisiert.

---

eine Wahl treffen: faire un choix | **Ausweglosigkeit:** une absence d'issue (*f.*) | **gespalten sein:** être partagé, e | **Befreiungsbestrebungen:** les efforts (*m. pl.*) de libération (*f.*) | **Außenseiter:** le marginal | **pied-noir** (*m.; fam.*): Algerienfranzose | **unentschieden:** indécis, e | **differenzieren:** différencier

2. Inhaltsangabe

Von dem Protagonisten erfährt der Leser nur den Familiennamen. Er lautet »Daru«. Daru ist ein <u>Grundschullehrer</u> <u>französischer Abstammung</u>, der in Camus' Heimat Algerien, genauer gesagt: in der Kabylei, fernab von allen größeren <u>Siedlungen</u>, die Kinder der dort <u>ansässigen</u> Kabylen unterrichtet. Er lebt allein in der Schule, in der es nur ein einziges Klassenzimmer gibt, und arbeitet unter extrem einfachen Bedingungen. Zu seiner Arbeit gehört auch, dass er die Kinder der Familien, die in großer Armut leben und unter einer vorangegangenen <u>Dürreperiode</u> <u>gelitten</u> haben, im Namen der <u>Kolonialverwaltung</u> mit Lebensmitteln versorgt. Besonders im Winter ist das Land <u>unwirtlich</u> und sehr kalt. Daru hält diese Bedingungen aus, weil er hier geboren wurde und <u>sich</u> auch nirgendwo anders <u>zu Hause fühlen</u> würde.

■ Leben in der Kabylei

An einem Oktobertag, an dem die Schüler wegen Schneefalls nicht in die Schule gekommen sind, passiert etwas <u>Außergewöhnliches</u>: Balducci, ein alter Gendarm, den Daru seit langem kennt, kommt mit einem arabischen Gefangenen zu ihm. Daru soll den

■ Der Auftrag

Grundschullehrer(in): un instituteur / une institutrice |
französischer Abstammung: d'origine (*f.*) française |
Siedlung: la colonie | **ansässig sein in:** avoir son domicile à |
Dürreperiode: une période de sécheresse (*f.*) | **leiden unter:** souffrir de | **Kolonialverwaltung:** l'administration (*f.*) coloniale |
unwirtlich: inhospitalier, -ière | **sich zu Hause fühlen:** se sentir chez soi | **etw. Außergewöhnliches:** qc d'extraordinaire

2. Inhaltsangabe

Gefangenen übernehmen und ihn zur nächsten _commune mixte_, nach Tinguit führen und der dortigen Polizei für einen Prozess übergeben. Der Araber soll verurteilt werden, weil er getötet hat. Balducci selbst will wegen eines drohenden Aufstands nach El Ameur zurückkehren. (Nach dem Zweiten Weltkrieg, in dem 136 000 algerische Soldaten auf Seiten der Franzosen gekämpft hatten, kam es immer wieder zu Unruhen der algerischen Landbevölkerung, die ihre Position definieren und behaupten wollte, nachdem einige Unabhängigkeitsbestrebungen von der Kolonialmacht mit brutaler Härte niedergeschlagen wurden. Am 1. November 1954 kam es zum Aufstand der algerischen Befreiungsorganisation FLN [_Front de Libération Nationale_]. Es folgten 479 gewalttätige Übergriffe gegen kollaborierende Algerier und gegen die französischen Behörden.) Daru ist nicht damit einverstanden, den Araber der Polizei übergeben zu müssen, und will sich dem Auftrag widersetzen. Balducci ist persönlich gekränkt und lässt Daru mit Hinweis darauf, dass dies ein Befehl sei, allein mit dem arabischen Gefangenen zurück. Daru gewährt diesem – sofern dies unter den gegebenen Umständen möglich ist – Gastfreundschaft und verbringt noch eine Nacht unter einem Dach mit dem mutmaßlichen Verbrecher.

la commune mixte: Verwaltungseinheit in den französischen Kolonien | **Aufstand:** la révolte | **sich widersetzen:** s'opposer à qc | **jdn. kränken:** vexer qn | **Gastfreundschaft:** l'hospitalité (_f._) | **Verbrecher:** le criminel

2. Inhaltsangabe

In dieser Nacht überdenkt der Lehrer die Lage des Arabers und seine eigene: Er verabscheut einerseits das Verbrechen seines Gastes, will ihn aber andererseits nicht ausliefern, da das seinem Ehrbegriff nicht entsprechen würde. In diesem Zwiespalt befindet er sich, als er am nächsten Morgen mit ihm aufbricht. Um sich aus dieser Situation zu befreien, entscheidet er sich, den Gefangenen auf eine Anhöhe zu bringen und ihm zwei Wege zu zeigen: den einen in die Freiheit, nach Süden zu den Nomaden, die ihn aufnehmen würden, und den zweiten nach Norden, nach Tinguit zur Polizeistation, d. h., ins Gefängnis. Er überlässt ihm also die Wahl. Der Araber fällt diese existentielle Entscheidung, indem er nicht den für ihn persönlich vorteilhafteren Weg in die Freiheit wählt, sondern indem er sich der Justiz ausliefert und damit die universell geltenden menschlichen Maßstäbe, die Strafe für ein Kapitalverbrechen fordern, anerkennt.

■ Die Entscheidung

Dies ist jedoch nicht das Ende der Geschichte. Nach Hause zurückgekehrt, findet Daru die Drohung an der Wandtafel: »Du hast unseren Bruder ausgeliefert. Du wirst dafür bezahlen.« Die Menschen, deren Kinder Daru unterrichtet hat, deren Vertrauter und Helfer er damit war, können nicht verstehen, dass er dem Befehl der französischen Behörden gefolgt ist. Sie fühlen

■ Die Reaktion

---

verabscheuen: détester | **Ehrbegriff:** la conception de l'honneur (*m.*) | **etw. entsprechen:** correspondre à qc | **Zwiespalt:** le tiraillement (*m.*) | **Anhöhe:** le haut-plateau | **vorteilhaft:** avantageux, -euse | **Maßstab:** le critère | **Kapitalverbrechen:** le crime capital

2. Inhaltsangabe

sich verraten. Die Novelle schließt mit der <u>Bemerkung</u>, dass ihm das Land, das er geliebt hat, nun keinen <u>Schutz</u> mehr bieten kann, dass er nun definitiv allein ist.

Bemerkung: la remarque | **Schutz:** la protection

3. Figuren

Camus vermeidet eine ganzheitliche Charakterisierung seiner Figuren. Das <u>äußere Erscheinungsbild</u> wird zum Hinweis auf die Entscheidungsmöglichkeiten, die diesen Menschen gegeben sind, was den Figuren einen <u>stilisierten</u> Charakter verleiht.[3]

■ Stilisierung der Charaktere

Daru

Daru ist ein in Algerien geborener Franzose, ein sogenannter *pied-noir*, der sich nicht vorstellen kann, woanders zu leben, der in Algerien verwurzelt ist. »Partout ailleurs, il se sentait exilé« (S. 8,8 f.). Er lebt allein, seine <u>Lebensumstände</u> sind sehr <u>bescheiden</u>, er verfügt über ein einziges kleines Zimmer in der Schule, nimmt aber im Vergleich zu der Armut der algerischen Bevölkerung eine <u>in gewisser Hinsicht</u> <u>privilegierte</u> Stellung ein (vgl. S. 7,23–8,9). Er erhält regelmäßig Nahrungsmittel von der Kolonialverwaltung, während die Landbevölkerung zum Teil Hunger leiden muss.

Außerdem gehört es zu seinen Aufgaben, die Kinder mit Getreide und anderen Lebensmitteln zu <u>versorgen</u>, was ihm quasi die Stellung eines <u>Mittlers</u> zwi-

■ Lehrer und Versorger

äußeres Erscheinungsbild: l'apparence (*f.*) extérieure | **stilisieren:** styliser | **Lebensumstand:** la condition de vie (*f.*) | **bescheiden:** modeste | **in gewisser Hinsicht:** d'une certaine manière | **privilegiert:** privilégié, e | **versorgen:** approvisionner | **Mittler(in):** le médiateur / la médiatrice

3. Figuren

schen der Kolonialmacht Frankreich und der einheimischen arabischen Bevölkerung verschafft. Er hat die Aufgabe, den Schülern französisches Kulturgut beizubringen, was an der Karte Frankreichs deutlich wird, die im Klassenzimmer hängt. Die Schüler lernen nicht die algerische Geographie, sondern die französische, der Lehrer vermittelt die französischen Werte. Im Verlauf der Novelle erfahren wir, dass er nach dem Zweiten Weltkrieg die Stelle als Dorfschullehrer in Algerien angenommen hat, dass er eigentlich weiter südlich, wo das Klima weniger feindlich ist, arbeiten wollte, dann aber die Stelle auf dem Hochplateau annehmen musste. Weiterhin wird erklärt, dass er sich zunächst nicht daran gewöhnen konnte, sich dann aber damit abgefunden hat, da er von sich weiß, dass er nur in dieser Wüste leben kann – übrigens genau wie der Araber, den er der Polizei ausliefern soll (vgl. S. 16,1–20).

Balducci

Von Balducci wird gesagt, dass er alt ist, aus Korsika kommt (vgl. S. 11,5), sich auf seine Pensionierung freut (vgl. S. 10,2 f.) und Daru seit langem kennt (vgl. S. 8,12 f.). Über sein Äußeres erfahren wir, dass er einen struppigen Schnurrbart, kleine, dunkle, tiefliegende Augen und eine braungebrannte Stirn hat und auch dass sein Mund von Falten gesäumt ist, was ihm

Kulturgut: un élément du patrimoine | **Wert:** la valeur | **sich mit etw. abfinden:** s'accomoder de qc

3. Figuren

ein aufmerksames und eifriges Aussehen verleiht (»un air attentif et appliqué«, S. 9,7 f.). Er nennt Daru »Sohn« (S. 11,3; 11,15; 13,17 u. ö.) oder »Kleiner« (S. 13,4), wobei er zeigt und sagt, dass er ihn gernhat (vgl. S. 10,24; S. 13,23 f.). Diese Vertrautheit wird auch durch die <u>Selbstverständlichkeit</u>, mit der er sich in Darus Zuhause bewegt, deutlich. <u>Kaum</u> ist er angekommen, setzt er sich auf das Sofa (vgl. S. 9,13) bzw. dann im Klassenraum auf einen der Tische. Dort sitzt er nicht, er »thront« (S. 10,6 f.).

Balducci wird hauptsächlich durch die Art seines Sprechens und seine Wortwahl charakterisiert: er ist der klassische <u>Vertreter</u> der französischen <u>Verwaltungsbehörden</u>, ein Mensch der Routine, der sich selbst als kleines <u>Rad</u> in einer großen Maschine erlebt und Befehle <u>ausführt,</u> ohne sie zu hinterfragen. Typisch für ihn ist der <u>häufige</u> Gebrauch der Begriffe »ordre« und »règle«. »Ce sont les ordres« (S. 11,3), »c'est la règle« (S. 14,28) heißen die Erklärungen, die er gibt. Er identifiziert sich vollkommen mit seinem Beruf und der Behörde, für die er arbeitet. Als Franzose in Algerien in einer Zeit der Aufstände, kurz vor dem <u>Ausbruch</u> des Algerienkrieges, ist er ein Repräsentant der Kolonialmacht.

■ Der Repräsentant der Kolonialmacht

Selbstverständlichkeit: une évidence | **kaum:** à peine | **Vertreter:** le représentant | **Verwaltungsbehörde:** une administration; une autorité administrative | **Rad:** la roue | **ausführen:** exécuter | **häufig:** fréquent, e | **Ausbruch:** le déclenchement

3. Figuren

Der Araber

Der Araber, der, wie auch der Araber in Camus' Roman *L'Étranger*, keinen Namen hat und auf seine Herkunft festgelegt ist, wird folgendermaßen beschrieben: Er trägt eine verblichene Djellabah, das typische maghrebinische lange Gewand, und einen Fez, die entsprechende Kopfbedeckung (»un chèche«), Sandalen und dicke Wollsocken (vgl. S. 8,17–20).

■ Der traditionelle Araber

An dieser Kleidung erkennt Daru schon von weitem den Araber, während die Beschreibung der Physiognomie erst kurz darauf erfolgt, chronologisch mit dem Näherkommen und Hereintreten der beiden Personen. Der Araber hat sehr volle, glatte Lippen (»ses énormes lèvres, pleines, lisses«, S. 9,17 f.), die vom Erzähler als »negroid« bezeichnet werden, ein Ausdruck, den man nicht mehr verwendet, weil er eine rassensystematische Bezeichnung ist, der aber zu Camus' Zeit noch ohne diese Konnotation verwendet wurde. Der Erzähler betont, dass die vollen Lippen dem Gefangenen einen schmollenden Ausdruck verleihen (»un air boudeur«, S. 17,5). Er bezeichnet diesen großen Mund sogar als »tierisch« (»la bouche animale«, S. 18,20). Der Araber wirkt abwesend und zerstreut auf Daru (vgl. S. 22,19), hat eine gerade Nase und dunkle, fiebrige Augen (vgl. S. 9,18 f.), eine von der Sonne gegerbte, dunkle Haut, einen mageren, aber muskulösen Oberkörper (vgl. S. 13,3). Der Erzäh-

Näherkommen: une approche

3. Figuren

Abb. 1: Traditionelle Kleidung der Berber. – CC BY 2.0 / Fotograf unbekannt

3. Figuren

ler interpretiert sein Aussehen, bezeichnet z. B. seine Stirn als »eigensinnig« (»buté«, S. 9,20). Für Daru drücken Ausdruck und Haltung des Gefangenen <u>Verständnislosigkeit</u> und gleichzeitig etwas Rebellisches aus. Im Gegensatz zu Balducci, der auf seinem Tisch »thront«, <u>kauert</u> der Araber auf dem Boden und senkt den Blick. Verständnislosigkeit und <u>Beunruhigung</u> werden mehrfach betont: »le regardait avec une sorte d'inquiétude« (S. 12,20 f.), »une sorte d'interrogation malheureuse« (S. 18,25 f.).

Figurenkonstellationen

■ Beziehungen zwischen den Figuren

In *L'Hôte* gibt es nur drei Figuren, die nur einen relativ kurzen Moment alle drei präsent sind. Die Novelle beginnt und endet mit dem Lehrer, der allein ist. Seine Einsamkeit vom Beginn ist nicht die gleiche wie die am Ende. Nach der Ankunft Balduccis mit dem Araber sind für den Moment der Bewirtung und der <u>Auseinandersetzung</u> zwischen Daru und Balducci alle drei Protagonisten anwesend, wobei das Gespräch nur zwischen dem Gendarmen und dem Lehrer stattfindet.

■ Das Vertrauensverhältnis

Balducci – Daru / Daru – Balducci. Wie bereits erwähnt, herrscht zwischen den beiden ein <u>Vertrauensverhältnis</u>. Balducci nennt Daru »Sohn«, hat also

---

Verständnislosigkeit: une incompréhension | **kauern:** être accroupi, e | **Beunruhigung:** une inquiétude | **Auseinandersetzung:** la dispute | **Vertrauensverhältnis:** la relation de confiance (*f.*)

3. Figuren

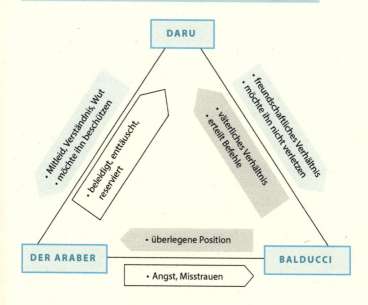

Abb. 2: Figurenkonstellation

väterliche Gefühle für ihn, er erteilt ihm allerdings auch den Befehl, den Araber der Polizei zu übergeben, und erwartet, dass er diesem fraglos nachkommt. Er verspricht ihm auch nach der Auseinandersetzung, sein <u>Fehlverhalten</u> nicht zu melden. Daru hat ein freundschaftliches Verhältnis zu Balducci und ist gastfreundlich. Nach dessen Weigerung, auf seine

väterlich: paternel, le | **Fehlverhalten:** le comportement bizarre, le mauvais comportement

3. Figuren

Einwände einzugehen, ist Daru jedoch reserviert und zurückhaltend.

Balducci – der Araber. Balducci behandelt den Araber als Gefangenen, führt ihn an einem Strick, obwohl er auch zugibt, dass er dies nicht gern tut, sich sogar dafür schämt (S. 14,12 f.). Doch er hält es für nötig. Er richtet nur kurze und knappe Befehle auf Arabisch an ihn (»Viens, toi«, S. 10,4), ist ihm gegenüber misstrauisch (»on ne peut jamais savoir«, S. 12,13) und gibt Daru einen Revolver, um sich vor dem Araber zu schützen.

■ Überlegenheit Balduccis

Auch durch seine Sitzposition drückt Balducci seine Überlegenheit dem Araber gegenüber aus. Balducci fühlt sich von Daru gekränkt und geht verärgert zurück nach El Ameur (»Tu m'as fait un affront«, S. 15,6).

Daru – l'Arabe. Wesentlich vielschichtiger und differenzierter ist Darus Beziehung zum Araber. Er verhält sich ihm gegenüber respektvoll und gastfreundlich, löst ihm die Handfesseln und gibt ihm zu essen und zu trinken. Er isst sogar mit ihm, was den Gefangenen offensichtlich erstaunt (»Pourquoi tu manges avec moi?«, S. 18,8). Er redet mit ihm.

■ Abscheu gegen das Verbrechen

Als Daru allerdings von dem Mord erfährt, empfindet er Abscheu und Wut: »Une colère subite vint à Daru contre cet homme, contre tous les hommes et

---

Überlegenheit: la supériorité | **vielschichtig:** complexe | **respektvoll:** respectueux, -euse | **Mord:** le meurtre

leur sale méchanceté, leurs haines inlassables, leur folie du sang« (S. 12,21–23). Trotzdem will er ihn nicht ausliefern, und sein Entschluss, dem Gefangenen selbst die Entscheidung über sein Leben zu überlassen, führt nicht zu dessen Freiheit. Daru hat im Gegensatz zu Balducci keine Angst vor dem Araber, ist weniger misstrauisch, als dass er verstehen will. Er fragt ihn nach dem Grund für den Mord. Der Araber scheint Vertrauen zu ihm zu fassen, ist erstaunt, dass er so respektvoll behandelt wird. Dieses Vertrauen wird vor allem deutlich in der Aufforderung »Viens avec nous« (S. 19,23).

4. Form und literarische Technik

Aufbau und Struktur: *L'Hôte* als Novelle

Abb. 3: Struktur der Novelle

L'Hôte ist eine <u>Novelle</u>, die in den wesentlichen Punkten den Kriterien dieses historischen Genres entspricht: »Novelle (lat. *novella* sc. *lex* = Nachtragsgesetz, ergänzende Rechtsverordnung, zu der lat. *novus* = neu; dann ital. = Neuigkeit, seit der Renaissance literarischer Begriff), kürzere Vers- oder meist Prosaerzählung einer neuen, unerhörten, doch im Ggs. zum Märchen tatsächlichen oder möglichen <u>Einzelbegebenheit</u> mit einem einzigen Konflikt in gedrängter,

■ Definition *Novelle*

Novelle: la nouvelle | **Einzelbegebenheit:** un événement particulier

4. Form und literarische Technik

Die Nacht: Daru und der Araber in der Schule.

Auf dem Weg nach Tinguit: Daru und der Araber.

Die Entscheidung des Arabers.

Das Ende: Der Lehrer, allein im Klassenzimmer.

geradlinig auf ein Ziel hinführender und in sich geschlossener Form und nahezu objektivem <u>Bericht</u>stil ohne <u>Einmischung</u> des Erzählers.«[4]

Der <u>sachliche</u> Erzählton, der das Geschehen durch sich selbst wirken lässt, wird nicht kommentiert oder reflektiert.

Vor allem aber entspricht die Novelle der Goethe'schen Definition von der »unerhörten Begebenheit« (Goethe zu Eckermann am 25.1.1827). In *L'Hôte*

■ Die unerhörte Begebenheit

Bericht: le récit | **Einmischung:** une ingérence, un commentaire | **sachlich:** objectif, -ive

4. Form und literarische Technik

stellt der Befehl, den Araber auszuliefern, diese entscheidende Situation dar. Sie verändert sein Leben und deutet auf einen <u>Wendepunkt</u> hin, was auch die Nähe der Novelle zum Drama verdeutlicht. Charakteristisch für die Novelle ist auch die <u>geraffte</u> Exposition und eine Entwicklung, die »die Zukunft der Personen mehr ahnungsvoll andeuten als gestalten kann«.[5] Am Ende ist klar, dass Daru nie mehr so weiterleben kann wie vorher, dass seine Entscheidung, den Gefangenen nicht der Polizei auszuliefern, sein Leben <u>grundlegend</u> verändert hat.

■ Einheit des Ortes und der Zeit

Konstituierend für die Novelle ist auch die festumrissene Zeitspanne und die <u>Einheit</u> des <u>Ortes</u>, die klare Personenkonstellation, die <u>gestaltete</u> Sprache, die besondere <u>Bedeutung</u> der <u>Naturdarstellung</u> und die leitmotivisch-symbolhafte Gestaltung der Erzählung. Anfang und Schluss bilden eine <u>Rahmenhandlung</u>, was ebenfalls typisch für die Novellenstruktur ist. Der Schlusspunkt <u>spiegelt</u> den Anfang mit dem Unterschied, dass eine für das Leben des Protagonisten entscheidende <u>Wende</u> stattgefunden hat.

Wendepunkt: le (point) tournant | **gerafft:** abrégé, e; court, e | **grundlegend:** définitif, -ive | **Einheit:** une unité | **Ort:** le lieu (*pl.* les lieux) | **gestaltet:** aménagé, e | **Bedeutung:** une importance | **Naturdarstellung:** la représentation / la description de la nature | **Rahmenhandlung:** (l'intrigue d') encadrement (*m.*) | **spiegeln:** refléter | **Wende:** le tournant, le changement

4. Form und literarische Technik

Die Dramenform der Novelle

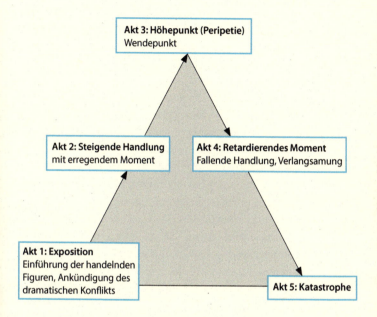

Abb. 4: Dramenform der Novelle

Einer Interpretation von Manfred Pelz folgend, kann man *l'Hôte* sehr gut in fünf Phasen einteilen, die im Wesentlichen die gleiche Funktion wie die Akte der klassischen Tragödie haben.[6] Obwohl wir es hier mit einer epischen Gattung zu tun haben, können die Begriffe aus der aristotelischen Dramendefinition die einzelnen Teile der Novelle gut beschreiben.

Exposition (S. 5,1–8,9): Die Erzählung beginnt mit

4. Form und literarische Technik

■ Schauplatz und Protagonisten

der Vorstellung der Protagonisten, vornehmlich der des Lehrers. Der »instituteur« sieht die beiden weiteren Protagonisten in der Ferne auf sich zukommen. Es folgt eine <u>ausführliche</u> <u>Beschreibung</u> des Schauplatzes, der Tätigkeit des Lehrers, der Bevölkerung und der kargen Landschaft der Kabylei.

Erregendes Moment (S. 8,10 – S. 15,7): Danach folgt die Beschreibung der langsamen Annäherung des Gendarms Balducci mit einem gefangenen und gefesselten Araber in traditioneller Kleidung. Sie kommen an, und Daru empfängt sie mit heißem Tee im gewärmten Klassenzimmer. Hier erfährt er den

■ Der Auftrag

Auftrag, mit dem er betraut ist und der den Krisenmoment herausfordert. Daru soll den Araber, der ein Verbrechen begangen hat, ausliefern, was er zunächst ablehnt. Balducci weist ihn darauf hin, dass es sich um einen Befehl handle, und ist <u>wütend</u> auf und enttäuscht von Daru. Er verlässt den Ort verärgert und ohne dass eine <u>Lösung</u> erzielt worden wäre.

Steigende Handlung (S. 15,8–22,9): Protagonist und Antagonist sind allein und verbringen die Nacht in der Dorfschule, wobei die Möglichkeit der <u>Flucht</u>, die Daru gewissermaßen erhofft, ein <u>Spannungsmoment</u> erzeugt. Die Nacht bringt allerdings keine <u>Klärung</u>, Daru muss die ihm <u>aufgezwungene</u> Gegenwart

---

ausführlich: détaillé, e | **Beschreibung:** la description | **wütend:** furieux, se; en colère | **Lösung:** la solution | **steigende Handlung:** l'action montante | **Flucht:** la fuite | **Spannungsmoment:** un moment de suspense (*m.*) | **Klärung:** une élucidation, une solution | **aufgezwungen:** imposé, e

4. Form und literarische Technik

des Arabers ertragen. Er ist der Gastgeber (»l'hôte«), der Araber sein Gast (»l'hôte«).

■ Gast und Gastgeber

Klimax und **Peripetie** (S. 22,10–26,20): Die Entscheidung naht. Daru bricht mit seinem Gast nach Tinguit auf, wo er ihn bei der Polizeistation ausliefern soll. Auf einem <u>Hügel</u> fällt er die Entscheidung, den Araber selbst über sein <u>Schicksal</u> bestimmen zu lassen. Er lässt ihm die Wahl zwischen zwei Möglichkeiten: zum einen kann er den Weg Richtung Norden nach Tinguit einschlagen, um sich selbst der Polizei zu stellen, oder zum anderen den Richtung Süden, um <u>sich</u> zu einem Nomadenstamm <u>durchzuschlagen</u>, wo er in Sicherheit vor der französischen Polizei und somit frei wäre. Man kann hier insofern von einem echten tragischen Moment sprechen, als keine der Möglichkeiten dem Lehrer eine problemlose Fortführung seines bisherigen Lebens erlauben würde. Der Gefangene wählt die erste Möglichkeit, also die Gefangenschaft.

■ Die Wahlmöglichkeiten

Katastrophe (S. 26,21–27,5): Daru ist wieder allein in der Schule, wie am Anfang der Novelle. Jedoch ist nichts mehr wie es war. Sein Entschluss, den Gefangenen selbst über sein Schicksal entscheiden zu lassen, hat weder zu dessen Freiheit noch zu seiner eigenen geführt. Die arabischen Freunde des Gefangenen bedrohen sein Leben, es bleibt nichts als <u>Leere</u>. Er ist nicht allein wie am Anfang in Erwartung sei-

■ Existentielle Einsamkeit

Klimax: un apogée | **Peripetie:** la péripétie | **Hügel:** la colline | **Schicksal:** le destin | **sich durchschlagen:** réussir à arriver | **Leere:** le vide

4. Form und literarische Technik

ner Schüler; er weiß, dass nichts mehr so sein wird wie vorher. Es handelt sich hier um eine fundamentale Einsamkeit ohne die Hoffnung auf ein normales Leben. Das ist das Ende des Dramas in Novellenform.

5. Quellen und Kontexte

Le Mythe de Sisyphe (1942)

Der Essay *Le Mythe de Sisyphe* ist neben *L'Homme Révolté* (1951) das wichtigste philosophische Werk Camus'. Camus entwickelt hier seine Philosophie des Absurden, die eng mit dem Existentialismus verwandt ist. Unter Existentialismus versteht man, wie bereits in Kap. 1 knapp erläutert, eine Geisteshaltung, die die menschliche Existenz im Sinne der Existenzphilosophie auffasst. Hierbei handelt es sich um eine philosophische Strömung im Frankreich der 1950er und 60er Jahre mit den Hauptvertretern Jean-Paul Sartre, Simone de Beauvoir, Albert Camus und Gabriel Marcel. Der Existenzialismus sieht keine der reinen Existenz vorausgehende Sinngebung durch Glauben oder biologische Bestimmtheit des Menschen. Allen Menschen sind existentialistische Grunderfahrungen wie Geburt, Leben und Tod gemein. Daraus ergibt sich auch, dass die wichtigsten Themen dieser Philosophie Freiheit, Verantwortung, Angst, Tod und Handeln, elementare menschliche Erfahrungen sind. In seinem Roman *L'Étranger* (1942) und in seinem Theaterstück *Caligula* (1939) thematisiert Camus seine eng mit dem Existentialismus verwandte Theorie des Absurden auch literarisch.

■ Philosophie des Absurden

Philosophie des Absurden: La philosophie de l'absurde (*m.*) |
Existenzialismus: l'existentialisme (*m.*, philosophische Strömung)

5. Quellen und Kontexte

Ausgangspunkt seiner theoretischen Überlegungen zum Absurden, die er in seinem Essay *Le Mythe de Sisyphe* formuliert, ist die Feststellung, dass die Welt nicht von Vernunft bestimmt ist, dass aber nicht die Welt an sich absurd ist, sondern das Aufeinandertreffen der nicht vernünftigen Welt mit dem Wunsch und Bedürfnis des Menschen nach Klarheit, nach einem logischen Zusammenhang. Diese sind tief im Menschen verwurzelt. Der Mensch ist – laut Camus – einzig durch das Absurde mit der Welt verbunden.

> »Ce monde en lui-même n'est pas raisonnable, c'est tout ce qu'on en peut dire. Mais ce qui est absurde, c'est la confrontation de cet irrationnel et de ce désir éperdu de clarté dont l'appel résonne au plus profond de l'homme. L'absurde dépend autant de l'homme que du monde. Il est pour le moment leur seul lien.«[7]

Im Moment, in dem sich der Mensch dieser Absurdität bewusst wird, wird sie zu einer Leidenschaft für ihn. Diese Leidenschaft besteht darin, herauszufinden, ob und wie der Mensch angesichts des Absurden leben kann. Es geht also um nicht mehr und nicht weniger als die Existenzfrage. Camus nennt den Menschen, der sich dessen bewusst wird, »l'homme ab-

■ Die Existenzfrage

Vernunft: la raison | **Aufeinandertreffen:** un affrontement, une confrontation | **Bedürfnis:** le désir | **Klarheit:** la clarté | **verwurzelt:** enraciné, e | **verbinden:** lier | **éperdu, e:** heftig, leidenschaftlich | **résonner:** widerhallen | **sich bewusst werden:** prendre conscience (*f.*) de qc

5. Quellen und Kontexte

surde«. Die Erfahrung der Absurdität ist schmerzlich für ihn, ist er doch bisher der Illusion der Freiheit aufgesessen. Camus geht sogar so weit, ihn als »esclave de sa liberté«[8] zu bezeichnen, weil er, bevor er sich des Absurden bewusst geworden ist, glaubte, er sei frei, er habe eine Entscheidungsmöglichkeit. Nun muss er erkennen, dass das Leben im Hier und Jetzt stattfindet, was paradoxer-, aber auch konsequenterweise Quell einer anderen Art von Freiheit ist: »L'absurde m'éclaire sur ce point: il n'y a pas de lendemain. Voici désormais la raison de ma liberté profonde.«[9]

Für Camus bedeutet die Erkenntnis, dass die Welt absurd ist, jedoch nicht, dass der Mensch resigniert. In seinem philosophischen Werk *L'Homme révolté* entwickelt er die Überlegung, dass die Revolte eine Antwort auf die Absurdität des Lebens ist:

»Dans l'épreuve quotidienne qui est la nôtre, la révolte joue le même rôle que le ›cogito‹ dans l'ordre de la pensée: elle est la première évidence. Mais cette évidence tire l'individu de sa solitude. Elle est un lieu commun qui fonde sur tous les hommes la première valeur: Je me révolte donc nous sommes. […] La révolte métaphysique est le mouvement par lequel un homme se dresse contre sa condition et la création toute entière.«[10]

schmerzlich: douloureux, -euse | **Hier und Jetzt:** ici et maintenant | **paradox:** paradoxal, e | **konsequent:** conséquent, e (adv: conséquemment) | **le lendemain:** der Tag darauf, der folgende Tag | **désormais:** von jetzt an, nunmehr

5. Quellen und Kontexte

Chroniques Algériennes (1958)

Neben philosophischen Fragen hat sich Albert Camus immer mit der Politik beschäftigt, mit der Situation der *pieds-noirs* in Algerien, mit der der algerischen Landbevölkerung. In den 1930er Jahren unternimmt er eine Reise in die Kabylei und schreibt ausführliche Reportagen über die Armut der kabylischen Landbevölkerung. Er reist durch das Land und redet mit den Menschen. Dank dieser Reportagen existiert ein recht detailliertes Bild über die damaligen Lebensumstände und die ökonomische Situation in diesem kargen und von Armut gezeichneten Landstrich. Camus zeigt die dortige Lage auf und klagt damit – ohne das explizit zu sagen – die Kolonialmacht Frankreich an, die Verantwortung übernehmen muss für die Kolonialpolitik der Unterdrückung der einheimischen Bevölkerung und für die Bereicherung Frankreichs im Zusammenhang mit der Kolonisierung. In den *Chroniques Algériennes* beschreibt Camus in einem »Le dénuement« genannten Kapitel die wirtschaftlichen Gründe für das Elend, die vor allem darin bestehen, dass die Kabylei ein überbevölkertes Gebiet ist, in dem die Bevölkerung mehr konsumiert als sie produzieren kann.[11] Es kann nur ein Achtel des benötigten Getreides produziert werden, deshalb muss Getreide gekauft werden,

- Reportagen über die Kabylei
- Elend der Landbevölkerung

Lebensumstände: conditions (*f. pl.*) de vie (*f.*) | **einheimisch:** autochtone | **Bereicherung:** un enrichissement | **le dénuement:** Elend | **überbevölkert:** surpeuplé, e **Getreide:** céréales (*f. pl.*), grains (*m. pl.*)

5. Quellen und Kontexte

Abb. 5: Karte Algeriens. – CC BY-SA 3.0 / Eric Gaba

was in einem Land, in dem es praktisch keine Industrie gibt, nur mit komplementärer Landwirtschaft zu bewerkstelligen ist. Die anderen beiden landwirtschaftlichen Erzeugnisse in der Kabylei sind Feigen und Oliven. Vor allem Oliven haben den Nachteil, dass die Erntemenge großen Schwankungen ausgesetzt ist, dass es also in einem Jahr eine Über-, im

komplementär, ergänzend: complémentaire | **Feige:** la figue | **Schwankung:** la variation

nächsten eine Unterproduktion geben kann. Dies führte dazu, dass in den 30er Jahren des letzten Jahrhunderts 40% der kabylischen Familien mit weniger als 1000 Francs jährlich auskommen mussten, was angesichts der Tatsache, dass die kabylische Familie im Durchschnitt mindestens vier Kinder hat, eine Ahnung davon gibt, wie groß die Armut ist. Camus schreibt in seinem Bericht, dass mindestens 50% der Bevölkerung sich von Kräutern und Wurzeln ernährt und im Übrigen auf die Getreidezuteilung der Kolonialverwaltung angewiesen ist. Während seiner Reise hat Camus bei der Getreideverteilungsstelle in der Stadt Fort-National (heute: Larbaâ Nath Irathen) ein kabylisches Kind befragt, das sich mit seiner Ration Gerste auf den Heimweg gemacht hat:

> »Pour combien de jours, on t'a donné ça? – Quinze jours.
> Vous êtes combien dans la famille? – Cinq.
> C'est tout ce que vous allez manger? – Oui.
> Vous n'avez pas de figues? – Non.
> Vous mettez de l'huile dans la galette? – Non. On met de l'eau.«[12]

Das Kind lief mit einem Ausdruck des Misstrauens davon.

Kräuter: herbes (*f. pl.*) | **Wurzel:** la racine | **Getreidezuteilung:** la distribution de grains (*m. pl.*) | **Gerste:** l'orge (*f.*) | **la galette:** Fladenbrot

5. Quellen und Kontexte

Lettre à un Militant Algérien (1958)

Camus hat sich jedoch nicht mit dem Aufzeigen der Lebensumstände der Landbevölkerung begnügt. Er ist auch mit Anhängern der algerischen Unabhängigkeitsbewegung in Kontakt getreten und hat in einem Briefwechsel mit einem algerischen FLN-Mitglied seine Position und die Einschätzung der politischen Möglichkeiten sowie der Rolle der Kolonialmacht immer wieder klargemacht. Camus saß gewissermaßen immer zwischen den Stühlen, war er doch <u>einerseits</u> Vertreter der französischen Verwaltungsmacht, <u>andererseits</u> aber in Algerien geboren, also auch Algerier. Der Algerienkrieg, der lange Zeit in Frankreich nicht als solcher bezeichnet wurde (*la guerre sans nom*), hat Camus immer wieder dazu angeregt, sich mit seinem Heimatland auseinanderzusetzen. Er wollte einen <u>Kompromiss</u> finden für Franzosen und Algerier, <u>Kolonialherren</u> und <u>Kolonisierte</u>, einen Kompromiss, der zum einen die Unabhängigkeitsbestrebungen, zum anderen die Möglichkeit für die *pieds-noirs*, in Algerien zu bleiben, unterstützen sollte. Er richtete sich in einem Appell an beide Lager, schrieb einen öffentlichen Brief an einen FLN-Kämpfer, was jedoch zur Folge hatte, dass er beide Lager gegen sich aufbrachte. Deshalb beschloss er, die für ihn so schmerzliche Frage nicht mehr zu stellen.

■ Zwischen den Stühlen

■ Ein Appell

einerseits, andererseits: d'un côté, de l'autre côté | **Kompromiss:** le compromis, le moyen terme | **Kolonialherr:** le colonisateur | **Kolonisierter:** le colonisé

5. Quellen und Kontexte

In seinem Brief *Lettre à un Militant Algérien* schreibt er an Kessous, den er als Freund bezeichnet: »Nous voilà donc dressés les uns contre les autres, voués à nous faire le plus de mal possible, inexpiablement.« Er erklärt, dass die Idee für ihn unerträglich ist, den Freund, der ihm in so vielen Dingen ähnlet, der die gleiche Kultur hat wie der *pied-noir* Camus, der die gleichen Ideale von Freiheit und Zusammenleben der Kulturen teilt, nun sein Feind sein soll, weil die jeweiligen politischen Vertreter dies so verlangen. »Cette idée m'est insupportable et empoisonne aujourd'hui toutes mes journées.« Weiterhin bestätigt er seinem Freund Kessous, dass er seine Einschätzung teilt und dass er v. a. dessen Aussage »nous sommes condamnés à vivre ensemble« als voll und ganz zutreffend empfindet. Er bezieht sich darauf, dass die Algerienfranzosen, deren Zahl sich auf über eine Million beläuft, seit dem 19. Jahrhundert in Algerien leben und man aus diesem Grunde nicht einfach die französische Vergangenheit aus Algerien herauskatapultieren kann. Er betont auch in seinem Brief, dass man genauso wenig 9 Millionen Araber sozusagen als »Vergessene« bezeichnen kann. »Le rêve d'une masse arabe annulée à jamais, silencieuse et asservie, est lui aussi délirant.«[13] Sowohl die Franzosen sollten in ihrer »Heimat« Algerien leben können,

dressé, e contre qn: gegen jdn. gerichtet | **vouer à qc:** zu etw. verdammen | **inexpiablement:** auf unerklärliche Weise | **empoisonner:** vergiften | **asservir:** unterwerfen, unterdrücken | **délirant, e:** verrückt, wahnsinnig

da sie dort starke und lange gewachsene Wurzeln haben, als auch die Araber und deren Kultur. Camus spricht sich für Reformen aus: »J'ai défendu toute ma vie [...] l'idée qu'il fallait chez nous de vastes et profondes réformes.«[14]

Aus jeder dieser Zeilen spricht der tiefe Wunsch nach einem Kompromiss, nach einer Möglichkeit, sowohl die eine als auch die andere Seite, die durch eine lange und zum Teil sehr schmerzvolle gemeinsame Geschichte miteinander verbunden sind, zu verstehen und zwischen den Seiten zu vermitteln. Er ist sich jedoch auch der Schwierigkeit bewusst, die das für beide Seiten mit sich bringt, spricht gar von der Möglichkeit einer totalen Zerstörung:

> »Mais dire cela aujourd'hui, je le sais par expérience, c'est se porter dans le ›no man's land‹ entre deux armées, et prêcher au milieu des balles que la guerre est une duperie et que le sang, s'il fait parfois avancer l'histoire, a fait avancer vers plus de barbarie et de misère encore. [...] Forcés de vivre ensemble, et incapables de s'unir, ils décident au moins de mourir ensemble. Et chacun, par ses excès renforçant les raisons, et les excès, de l'autre, la tempête de mort qui s'est abattue sur notre pays ne peut que croître jusqu'à la destruction générale.«[15]

prêcher: predigen | **la balle:** (Gewehr-)Kugel | **la duperie:** Schwindel | **un excès:** Exzess, Ausschweifung | **s'abattre sur qc:** etw. niederfegen

5. Quellen und Kontexte

Camus zeigt Handlungsmöglichkeiten auf, Handlungsmöglichkeiten für die Algerier und die Franzosen, er spricht von »nous, Français« und von »vous, Arabes«, appelliert an die Werte der Französischen Republik, vor allem an die *fraternité*, spricht mehrmals von der Notwendigkeit von Reformen, was ihm Feinde im ›Mutterland‹ machte. Auf der anderen Seite fordert er die FLN auf, die »terroristischen« Aktionen einzustellen. Allein schon diese Bezeichnung der als »Befreiungsschläge« deklarierten Aktionen brachte ihm dann auch das Unverständnis der Befreiungskämpfer ein.

■ Notwendigkeit von Reformen

Camus gibt nicht auf, an die Möglichkeit einer Versöhnung zu glauben, an beide Seiten zu appellieren, und so endet sein Brief mit dem Beschwören einer gemeinsamen Zukunft eines geeinigten Landes, das für beide Seiten Heimatland ist:

> »Je veux croire, à toute force, que la paix se lèvera sur nos champs, sur nos montagnes, nos rivages et qu'alors enfin, Arabes et Français, réconciliés dans la liberté et la justice, feront l'effort d'oublier le sang qui les sépare aujourd'hui. Ce jour-là, nous qui sommes ensemble exilés dans la haine et le désespoir, retrouverons ensemble une patrie.«[16]

---

jdn. beschwören: supplier qn | **réconcilier:** versöhnen

5. Quellen und Kontexte

Appel pour une Trêve Civile en Algérie (1958)

Noch deutlicher wird Camus' Haltung und der Wunsch nach einer gemeinsamen Lösung in seinem *Appel pour une Trêve Civile en Algérie*. Hier warnt Camus sehr deutlich vor einem Abdriften in den Abgrund, wenn nicht beide Seiten Anstrengungen unternehmen:

> »C'est à cette part qu'en chacun de vous, Français ou Arabes, nous faisons appel. C'est à ceux qui ne se résignent pas à voir ce grand pays se briser en deux et partir à la dérive que, sans rappeler à nouveau les erreurs du passé, anxieux seulement de l'avenir, nous voudrions dire qu'il est possible, aujourd'hui, sur un point précis, de nous réunir d'abord, de sauver ensuite des vies à une discussion enfin raisonnable.«[17]

Camus ruft hier zum Schutz der Zivilbevölkerung auf, dem sich beide Seiten seiner Meinung nach verpflichten müssen. Es handelt sich darum, zu erreichen, dass sowohl die arabische Unabhängigkeitsbewegung als auch die französischen Autoritäten weder in Kontakt miteinander treten müssen, noch irgendeine andere Verpflichtung eingehen, erklären, dass sie während der Unruhen die Zivilbevölkerung re-

■ Schutz der Zivilbevölkerung

---

la trêve: Waffenruhe | **faire appel à:** appellieren an | **se briser:** auseinanderbrechen | **partir à la dérive:** richtungslos sein, sich treiben lassen | **sich zu etw. verpflichten:** s'engager à qc

spektieren und schützen. Nur dann wäre seiner Meinung nach ein grausames Blutvergießen zu verhindern.

> »Si chacun, Arabe ou Français, faisait un effort de réfléchir aux raisons de l'adversaire, les éléments, au moins, d'une discussion féconde pourraient se dégager. Mais si les deux populations algériennes, chacune accusant l'autre d'avoir commencé, devaient se jeter l'une contre l'autre dans une sorte de délire xénophobe, alors toute chance d'entente serait définitivement noyée dans le sang.«[18]

Seinen Aufruf sieht er als »dernier appel à la raison«[19].

Discours de Suède (1957)

Am 10. Dezember 1957 hält Albert Camus anlässlich der Nobelpreisverleihung in Stockholm eine Rede, *Discours de Suède*, in der er unter anderem die Aufgabe des Schriftstellers aus seiner Sicht definiert.

In seiner Rede bedankt er sich für die Auszeichnung, für die Belohnung seiner Verdienste, die ihm zuteilwird. Zunächst äußert er die Bescheidenheit des noch recht jungen, von Selbstzweifeln geplagten

---

Blutvergießen: une effusion de sang (*m.*) | **fécond, e:** fruchtbar | **se dégager:** sich entwickeln | **xénophobe:** fremdenfeindlich | **noyer:** ertränken | **Auszeichnung:** la distinction | **Belohnung:** la récompense | **Verdienst:** le mérite | **Bescheidenheit:** la modestie | **(Selbst-)Zweifel:** un doute (en soi)

Schriftstellers und verweist auf diejenigen Schriftsteller in Europa, die Ende der 1950er Jahre aus politischen Gründen nicht schreiben konnten, und auf die Zustände in seinem Heimatland, das mitten in den Kriegswirren des »guerre sans nom« war. Anders als J.-P. Sartre, der den Preis <u>abgelehnt</u> hat, war Camus stolz auf die Auszeichnung und benutzte das Forum dazu, seine <u>politischen Überzeugungen</u> und seine Vorstellungen vom *écrivain engagé* öffentlich zu machen. Seiner Meinung nach kann ein Schriftsteller in dieser Zeit nur auf der Seite der Unterdrückten und Benachteiligten stehen und darf <u>sich</u> nicht mit den Herrschenden <u>gemein machen</u>.

> »Par définition, il [l'écrivain] ne peut se mettre aujourd'hui au service de ceux qui font l'histoire: il est au service de ceux qui la subissent. Ou, sinon, le voici seul et <u>privé de</u> son art. Toutes les armées de la tyrannie avec leurs millions d'hommes ne l'enlèveront pas à la solitude, même et surtout s'il consent à <u>prendre leur pas</u>. Mais le silence d'un prisonnier inconnu, abandonné aux <u>humiliations</u> à l'autre bout du monde, suffit à retirer l'écrivain de l'exil, chaque fois, du moins, qu'il parvient, au milieu des privilè-

ablehnen: refuser | **politische Überzeugungen:** convictions (*f. pl.*) politiques | **un écrivain engagé:** (politisch) engagierter Schriftsteller | **sich mit jdm. gemein machen:** se faire commun, e avec qn | **qn est privé, e de qc:** jdm. fehlt etw. | **prendre le pas de qn:** jdm. hier: sich jdn. anschließen. | **une humiliation:** Erniedrigung

5. Quellen und Kontexte

ges de la liberté, à ne pas oublier ce silence et à le faire retentir par les moyens de l'art. Aucun de nous n'est assez grand pour une pareille vocation.«[20]

Die beiden größten Herausforderungen des Schriftstellers sind seiner Meinung nach auch diejenigen, die seine Größe ausmachen: er muss der Wahrheit und der Freiheit dienen (»le service de la vérité et celui de la liberté«). Was auch immer die Schwierigkeiten und Hindernisse sein mögen, zwei Aufgaben muss der Schriftsteller immer erfüllen: die Verweigerung der Lüge und den Widerstand gegen die Unterdrückung. (»Le refus de mentir sur ce que l'on sait et la résistance à l'oppression«.) Konsequenterweise widmet er den Preis auch all denen, die seine Auffassung teilen, aber wegen politischer Verfolgung nicht wie er handeln können.

la vocation: Berufung | **une oppression:** Unterdrückung | **jdm. etw. widmen:** dédier qc à qn

6. Interpretationsansätze

Analyse der Novelle

1. Teil – Exposition (S. 5,1–8,9): »L'instituteur« ist das erste Wort der Novelle – der Protagonist und <u>tragische Held</u> wird nur durch die Berufsbezeichnung eingeführt, der Name »Daru« wird erst später erwähnt (S. 6,3). Die weiteren beteiligten Personen werden auch bereits im ersten Satz genannt: »deux hommes« (S. 5,1) – sie nähern sich langsam dem Standort des Protagonisten, und der Schneefall verzögert ihr Fortkommen. Aus Erfahrung weiß Daru, dass es etwa eine halbe Stunde dauern wird, bis sie die Dorfschule erreicht haben werden. Bis zum Ankommen der beiden Gäste wird der Leser mit einem <u>inneren Monolog</u> konfrontiert, der sowohl die Empfindungen des Lehrers als auch das Näherkommen der beiden Besucher aus dessen Perspektive ausgestaltet. Aus der <u>Erzählperspektive</u> des Lehrers werden dem Leser Informationen über Land und Leute gegeben, die Erzählform stellt die innere und äußere Situation des Erzählers sehr präzise dar. Im inneren Monolog wird nur das unmittelbar <u>vorausgehende</u> Geschehen angesprochen, die Menschen bleiben <u>schemenhaft</u>, mit dem Protagonisten nur durch die Unwirtlichkeit

tragisch: tragique | **Held:** le héros | **innerer Monolog:** le monologue intérieur | **Erzählperspektive:** la perspective de narration (*f.*) | **vorausgehend:** précédent, e | **schemenhaft:** schématique

6. Interpretationsansätze

und Grausamkeit der Landschaft und der Natur verbunden.

Daru lebt in einer Wüste, völlig allein (»en moine«, S. 7,23) unter schwierigen Bedingungen. Die Schüler können wegen des Schneefalls nicht zu ihm in die Dorfschule kommen. Daru weiß um die Armut der in den zerstreuten Weilern lebenden Menschen (»En réalité, le malheur les avait tous atteints puisque tous étaient pauvres«, S. 7,8 f.). Er hilft ihnen insofern, als er von der französischen Verwaltungsbehörde aus Lebensmittel verteilen und die Kinder so mit dem Nötigsten versorgen kann. Die Erwähnung der Schultafel, auf der die vier wichtigsten Flüsse Frankreichs abgebildet sind, verdeutlicht den Erziehungsauftrag des Lehrers: er lehrt die Geographie und die Geschichte des ›Mutterlandes‹ (vgl. S. 5,16).

■ Der Schauplatz: die Dorfschule

■ Armut und Kargheit

Von Anfang an werden die Kargheit, die feindlichen Bedingungen, unter denen Daru lebt und arbeitet, die Armut der Bevölkerung und die Härte des Lebens mehrmals betont (zweimal »cette misère«, S. 7,16, 7,23; »cette vie rude«, S. 8,2). Dem entspricht die Landschaftsbeschreibung, das Licht wird als »sale« (S. 6,17) bezeichnet, es ist praktisch immer dunkel (»des ténèbres incessantes«, S. 6,21) und kalt. Nach dieser die Kargheit und Härte betonenden inneren Rede folgt die Erklärung, warum sich Daru trotzdem dort zu Hause fühlt: »Partout ailleurs, il se sentait

Weiler: le hameau | **das Nötigste:** le strict nécessaire, l'essentiel | **Erziehung:** une éducation | **Mutterland:** la métropole

6. Interpretationsansätze

exilé« (S. 8,9). Es gibt also zwischen ihm und den dort lebenden Menschen, den Schülern, eine Solidarität, die sich auf die gemeinsame Herausforderung zurückführen lässt, die die Gegend ihnen aufzwingt; beide sind der Natur quasi schicksalhaft ausgeliefert. Hier endet der innere Monolog, der dem Leser das Verhältnis zwischen Erzähler und Landschaft näherbringt, ohne jedoch den Protagonisten im herkömmlichen Sinne zu charakterisieren.

2. Teil (S. 8,10–15,7): Daru erwartet die beiden Ankömmlinge vor der Schule. Er erkennt in dem einen Balducci, den alten Gendarmen, der an einem Strick einen Araber in traditioneller Kleidung führt. Während über Balducci zunächst nichts gesagt wird, folgt eine relativ ausführliche Beschreibung des Arabers (vgl. S. 8,17–20). Nach einer Begrüßung gibt es eine Bewirtung mit Tee.

Ein Gespräch entspinnt sich, und bald schon wird der Grund für Balduccis Kommen klar: Daru soll den Araber an die nächste Polizeibehörde ausliefern. Dies ist der Auslöser für den Disput. Balducci ist gewohnt, dass man gehorcht, er fühlt sich als ausführendes Organ und kann Darus Ablehnung des Auftrags nicht verstehen. Er nennt ihn »fils«, sieht ihn freundschaftlich an. Sein Verhältnis zu Daru ist paternalistisch, er befiehlt, der »Sohn« solle gehorchen. In seiner Erklä-

■ Der Befehl: die Auslieferung

Herausforderung: le défi | **im herkömmlichen Sinne:** au sens classique | **paternalistisch:** paternaliste

6. Interpretationsansätze

rung werden auch Informationen über die politische Situation in Algerien vermittelt: Eine Revolte könnte bevorstehen, der Araber kann nicht in der Polizeistation in El Ameur bleiben. Für Balducci ist alles klar und einfach: Daru soll den Araber nach Tinguit führen und hinterher in Frieden weiterleben (»Après, ce sera fini. Tu retrouveras tes élèves et la bonne vie«, S. 11,23 f.). Er erinnert ihn auch an seinen Status als Franzosen: »S'ils se soulèvent, personne n'est à l'abri, nous sommes tous dans le même sac« (S. 13,17–19).

■ Der Mord

Balducci erklärt Daru auf dessen Nachfragen, was er über das Verbrechen des Arabers weiß – er hat seinen Cousin getötet und es handelte sich offenbar um einen Streit um Lebensmittel (vgl. S. 12,15–18). Daru ist von dem Verbrechen angeekelt: »tout ça me dégoûte, et ton gars le premier« (S. 14,6 f.). Aber für ihn steht fest, dass er den Schuldigen nicht der Polizei übergeben will: »Mais je ne le livrerai pas« (S. 14,7), was Balducci sehr verärgert. Er geht mit den Worten: »Tu m'as fait un affront« (S. 15,6 f.).

3. Teil (S. 15,8–22,9): Der dritte Teil beginnt mit Balduccis Verlassen der Dorfschule, sein Weggang weist eine Parallele zu seinem Ankommen auf. Der entscheidende Unterschied ist dabei allerdings: Er ist ohne den Araber und entfernt sich wütend über Darus Befehlsverweigerung. Auch hier wieder nimmt

Status: le statut | **Weggang:** le départ | **Ankommen:** une arrivée | **entscheidend:** décisif, -ive | **Befehlsverweigerung:** une insubordination

6. Interpretationsansätze

der Leser die Perspektive des Dorfschullehrers ein, sieht mit seinen Augen, wie Balducci kurz vor dem Fenster auftaucht (»surgit«, S. 15,10), dann wieder verschwindet (»disparut«, S. 15,15). Es folgt ein durch die Stille und die Ungewöhnlichkeit der Situation provozierter weiterer innerer Monolog Darus, der die Gedanken vom Monolog der Exposition wiederaufnimmt.

Darus Gedanken <u>schweifen</u> in die Vergangenheit, zum Beginn seiner Tätigkeit an dem unwirtlichen Ort in der Wüste der Kabylei. Er denkt daran, wie schwer es ihm am Anfang gefallen ist, die Stille auszuhalten und die Kargheit zu ertragen. Der <u>Gedankengang</u> mündet in eine <u>philosophische Überlegung</u> über die <u>Winzigkeit</u> des Menschen angesichts der <u>übermächtigen</u> Natur: »Dans ce désert, personne, ni lui ni son hôte n'étaient rien« (S. 16,19 f.). Während im Eingangsmonolog schon davon die Rede war, dass Daru nirgendwo anders hätte leben können, wird in diesem zweiten Monolog die <u>Verbundenheit mit</u> dem <u>ungebetenen</u> Gast genau über diesen Ort betont: »Et pourtant, hors de ce désert, ni l'un ni l'autre [...] n'auraient pu vivre vraiment« (S. 16,21–23). Daru weiß, dass er sich entscheiden muss. Ein kurzer <u>Hoffnungsschimmer</u>, dass der Gast geflohen sein könnte, <u>durchzuckt</u>

■ Verbundenheit mit Land und Leuten

---

schweifen: vagabonder | **Gedankengang:** la pensée | **philosophische Überlegung:** la réflexion philosophique | **winzig:** minuscule | **übermächtig:** supérieur, e | **Verbundenheit:** les liens (*m. pl.*) | **ungebeten:** indésirable | **Hoffnungsschimmer:** la lueur d'espoir (*m.*) | **durchzucken:** traverser

6. Interpretationsansätze

ihn (vgl. S. 16,25 f.), der jedoch gleich wieder zunichtegemacht wird.

Der nächste Abschnitt ist der, in dem die Bedeutung des Titels der Novelle nochmal sehr klar wird, durch den Akt des gemeinsamen Essens, die Gastfreundschaft, eine Gastfreundschaft, die den Araber erstaunt (vgl. S. 18,8). Daru stellt ihm die Frage nach dem Grund seines Verbrechens, eine Frage, die dieser jedoch nicht wirklich beantwortet. Die Frage, ob er Angst habe, wird durch sein Verhalten beantwortet (»L'autre se raidit«, S. 19,2).

■ Daru und der arabische Gast

Nach dem kurzen Gespräch, das eine Art <u>Verbundenheit</u> der beiden miteinander entstehen und das den Araber Vertrauen zu seinem Gastgeber fassen lässt, was sich auch dadurch ausdrückt, dass dieser ihn nachdrücklich bittet mitzukommen (»Viens avec nous«, S. 19,23), empfindet Daru eine Art Zwangsverbundenheit mit dem Gast (»une sorte de fraternité qu'il refusait dans les circonstances présentes«, S. 20,24 f.). Zum einen kann er die Anwesenheit des Gastes nicht <u>verhindern</u>, zum anderen <u>widert</u> ihn dessen Verbrechen <u>an</u>. Es folgt die sehr ausführliche Beschreibung der Nacht, die die beiden unter einem Dach verbringen, einer Nacht, die Daru weitgehend schlaflos verbringt, immer das Verhalten des Arabers beobachtend, <u>furchtsam</u> und auf dessen Flucht hoffend und darauf, dass er keine Entscheidung fällen

■ Vertrauen und Abneigung

Verbundenheit mit jdm: l'attachement à qn | **verhindern:** empêcher | **anwidern:** dégoûter, écœurer | **furchtsam:** craintif, -ive

6. Interpretationsansätze

muss (»Il fuit, pensait-il seulement. Bon débarras!«, S. 21,24 f.). Auch in diesem Teil korrespondiert die Außenwelt, die Natur- und Wetterbeschreibung mit der Innenwelt des Erzählers (»Dans la nuit, le vent grandit«, S. 20,17). Erst nachdem er feststellt, dass der Araber nicht die Absicht hat zu fliehen, findet er Schlaf.

4. Teil (S. 22,10–26, 20): Mit dem nächsten Morgen bricht der Tag der Entscheidung an. Daru muss sich Klarheit verschaffen. Auch hier wird diese Innenperspektive wieder von der Natur- bzw. Wetterbeschreibung unterstützt: »Quand il se réveilla, le ciel était découvert; par la fenêtre [...] entrait un air froid et pur« (S. 22,10 f.). Dem sehr unruhigen und hin- und hergezerrten Gemütszustand des Protagonisten entspricht auch die Natur, der »un aspect tourmenté« (S. 25,4) zugesprochen wird, eine für eine Landschaftsbeschreibung eher ungewöhnliche Formulierung.

■ Der Tag der Entscheidung

Die leitmotivische Verwendung der Beschreibungen für Schnee, Sonne, Licht und Landschaft in Camus' Novelle wird in dieser Entscheidungssituation besonders deutlich. Nach dem gemeinsam eingenommenen Frühstück bricht Daru mit dem Gast auf. Irgendwie fühlt er sich verfolgt, beobachtet, kann aber

■ Naturbeschreibungen

korrespondieren mit: correspondre à | **die Absicht haben, etw. zu tun:** avoir l'intention (f.) de faire qc | **sich Klarheit über etw. verschaffen:** obtenir des précisions sur qc | **Gemütszustand:** un état d'âme

6. Interpretationsansätze

niemanden ausmachen. Nach einem zweistündigen Marsch sind die beiden auf dem Hochplateau angekommen, auf dem die Entscheidung fällt. Daru steht buchstäblich am Scheideweg (»deux directions«, S. 25,5). Im Wechsel mit dem ausführlichen Erzählen im inneren Monolog gibt es hier einen dramatischen Dialog.

■ Wahl an der Wegscheide

Daru erklärt dem Araber die Wahlmöglichkeiten, nachdem er ihn mit Proviant ausgestattet hat. Der Araber scheint keinen eigenen Willen zu haben. Er reagiert eher verständnislos und gleichgültig. Als er merkt, dass es Daru ernst ist und er ihn alleinlässt mit der Entscheidung, wird er von Panik gepackt und will etwas einwenden, was Daru jedoch nicht zulässt (vgl. S. 25,25) und was er brüsk mit einem unwirschen »Non, tais-toi« (S. 25,26) unterbricht. Er überträgt ihm die Entscheidung: »Maintenant, je te laisse« (S. 25,26), um dann ein wenig später festzustellen, dass der Araber den Weg ins Gefängnis gewählt hat. In dieser Schlüsselszene der Novelle korrespondieren der innere Zustand des Protagonisten und die Naturbeschreibung wieder. Ähnlich wie in Camus' Roman *L'Étranger*, spielt die Sonne, ihr Stand, ihre wärmende und verzehrende Kraft, eine entscheidende Rolle: »Le soleil était maintenant assez haut dans le ciel et commençait de lui dévorer le front. […] il ruisselait de

am Scheideweg stehen: être à la croisée des chemins (*m. pl.*) | **Proviant:** les provisions (*f. pl.*) | **Wille:** la volonté | **gleichgültig:** indifférent, e | **von Panik gepackt werden:** être saisi, e de panique (*f.*)

6. Interpretationsansätze

sueur« (S. 26,11 f.; 26,14 f.). Die Entdeckung, dass der Araber den Weg in die Gefangenschaft gewählt hat, nimmt er »le cœur serré« (S. 26,19) zur Kenntnis.

5. Teil (S. 26,21–27,5): Das Ende der Novelle entspricht ihrem Anfang: Daru ist in der Schule allein im Klassenzimmer. Es wird wieder die Tafel mit den Flüssen Frankreichs erwähnt, mit dem Unterschied, dass nun auf der Tafel die Drohung zu lesen ist: »Tu as livré notre frère. Tu paieras« (S. 27,1. f.).

Hier wird klar, dass das Gefühl Darus, beobachtet zu werden (vgl. S. 24,5 f.), nicht unberechtigt war, dass die arabischen »Brüder« sein Tun genau beobachtet haben und die Tatsache, dass er dem Araber die Entscheidung über sein Schicksal überlassen hat, als eine Auslieferung ins Gefängnis interpretiert haben und somit als einen Akt, der gegen sie und das arabische Volk gerichtet war. »Ein Hauch tragischer Schicksalhaftigkeit liegt über ihrer Situation.«[21] »Dans ce vaste pays qu'il avait tant aimé, il était seul« (S. 27,4 f.). Im Unterschied zum Anfang, bei dem Daru ja auch allein ist, ist die Einsamkeit am Schluss eine existentielle, eine andere als am Anfang. Der Schluss- ist wesentlich kürzer als der Anfangsteil, das Erzähltempo wächst. Die Solidarität, die Daru zumindest ansatzweise mit der armen kabylischen Bevölkerung empfunden hat, ist in Frage gestellt. Er gehört nun eindeu-

■ Die Drohung der arabischen »Brüder«

gegen etw. gerichtet sein: être dirigé, e contre qn/qc | **schicksalhaft:** lourd, e de conséquences (*f. pl.*) | **Erzähltempo:** le débit de la narration **in Frage stellen:** mettre en question (*f.*)

6. Interpretationsansätze

tig zum Lager der Kolonialmacht Frankreich. Der Araber hat in Algerien seinen Cousin getötet. Er wird von der französischen Verwaltungsbehörde bestraft, die zwar einerseits nach allgemein-menschlichen Grundsätzen handelt und Mord bestraft, andererseits aber ihre Sitten und Gebräuche dem algerischen Volk aufzwingt. Es ist eine nicht durch die Vernunft begründete Situation, dass Daru, der *pied-noir*, der sich mit seinem Leben arrangiert hat, relativ glücklich ist und solidarisch mit der algerischen Bevölkerung, gegen seinen Willen von der französischen Verwaltung gezwungen wird, die Rolle des Richters über Leben und Tod eines Algeriers einzunehmen.

■ Daru als tragischer Held

Das macht Daru zum tragischen Helden. Im Prinzip hat er keine Wahl. Es macht keinen Unterschied, ob er den Araber selbst ausliefert oder ob er ihm die Entscheidung überlässt. Er wird von den algerischen Freunden seines »Gastes« verfolgt, wahrscheinlich getötet. Hätte er aktiv gegen den Willen der französischen Behörden gehandelt, würde dies als Befehlsverweigerung angesehen und von deren Seite bestraft werden. Die beiden Menschen, deren Lebenswege sich durch Zufall treffen, müssen am Ende mit großer Wahrscheinlichkeit beide sterben.

Die Freiheit der Entscheidung erweist sich als Täuschung.

Grundsatz: le principe | **Sitten und Gebräuche:** les us et coutumes (*m. pl.*; la coutume: der Brauch) | **jdm. etw. aufzwingen:** imposer qc à qn | **gegen seinen Willen:** contre son gré | **Täuschung:** une illusion, une tromperie

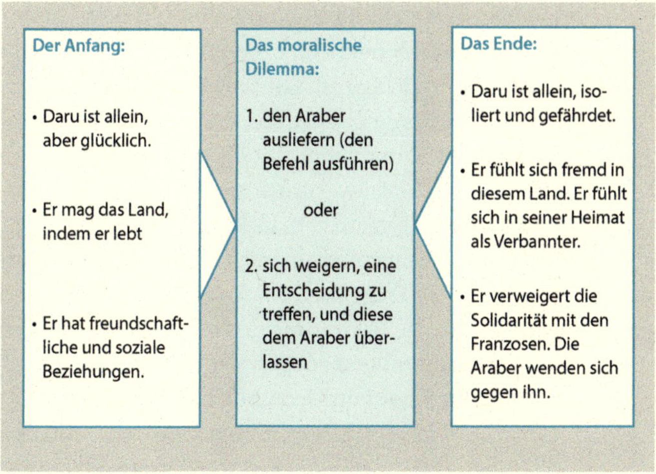

6. Interpretationsansätze

Der Anfang:
- Daru ist allein, aber glücklich.
- Er mag das Land, indem er lebt
- Er hat freundschaftliche und soziale Beziehungen.

Das moralische Dilemma:
1. den Araber ausliefern (den Befehl ausführen)

    oder

2. sich weigern, eine Entscheidung zu treffen, und diese dem Araber überlassen

Das Ende:
- Daru ist allein, isoliert und gefährdet.
- Er fühlt sich fremd in diesem Land. Er fühlt sich in seiner Heimat als Verbannter.
- Er verweigert die Solidarität mit den Franzosen. Die Araber wenden sich gegen ihn.

Abb. 6: Darus Tragödie

Philosophische Interpretation

L'Hôte zeigt in prägnant verkürzter Form das philosophische <u>Gedankengut</u> Camus' und sein Verständnis des französischen Existentialismus, den er mitgeprägt hat. So kann man die Novelle im Hinblick auf die Entwicklung Darus in vier <u>Stufen</u> interpretieren: Die erste Stufe ist die der »<u>Unbewusstheit</u>«, die zweite die »<u>Bewusstwerdung</u> des Absurden«, die dritte die »innere Revolte«, die vierte und letzte Stufe die der »Freiheit«

■ Bewusstwerdung des Absurden

Gedankengut: une idéologie | **Stufe:** le niveau, la phase | **Unbewusstheit:** l'inconscient (*m.*) | **Bewusstwerdung:** la prise de conscience (*f.*)

6. Interpretationsansätze

und des »bewussten Lebens«, wobei es fraglich ist, inwieweit und ob überhaupt diese letzte Stufe erreicht wird oder erreichbar ist. Die Suche nach dem Lebenssinn angesichts einer absurden Welt ist im Hinblick auf existentielle Entscheidungen ein wichtiges Thema in der Novelle und ist Ausdruck von Camus' philosophischen Überlegungen, z. B. in *Le Mythe de Sisyphe*. Es geht auch um allgemein-menschliche ethische Grundwerte, um die Frage nach der freien Entscheidung: einerseits um die Bestrafung eines Verbrechens wegen der Verletzung allgemein gültiger Werte und andererseits um die Frage von Menschlichkeit und Schutz.

Im existentialistischen Sinne wird der Mensch schuldig, ohne zu wissen, warum. Somit könnte man von einer »existentiellen Schuld« sprechen, die die bloße Existenz des Menschen mit sich bringt. Die Suche nach einer Begründung, nach einem Sinn, muss erfolglos bleiben. Die Welt ist absurd, die Absurdität muss akzeptiert werden. Wenn das Leben ohne höheren Sinn, also absurd ist, bleibt dies die einzige Gewissheit des Menschen, und, indem er sie akzeptiert, ist ihm der letzte Schritt zur Selbstverwirklichung möglich: »[…] ce qui est absurde, c'est la confrontation de cet irrationnel et de ce désir éperdu de clarté dont l'appel résonne au plus profond de l'homme.«[22]

▪ Die existentielle Schuld des Menschen

Suche: la recherche | **Lebenssinn:** le sens de la vie | **Grundwert:** la valeur fondamentale | **gültig:** valable | **Schutz:** la protection | **schuldig:** coupable; fautif, -ive | **existentielle Schuld:** la culpabilité existentielle | **Gewissheit:** la certitude | **Selbstverwirklichung:** un épanouissement personnel

6. Interpretationsansätze

Der Mensch (Daru)

1. Phase: Das unbewusste Leben.
(Not, Armut, Einsamkeit, Verlassensein)

⬇

Der Mensch wünscht sich Klarheit.

2. Phase: Das Bewusstwerden des Absurden.
(Frage nach dem Sinn des Lebens)

⬇

Der Mensch akzeptiert das Absurde.

3. Phase: Die Auflehnung gegen das Absurde.
(Verwirklichung des Menschen in der Auflehnung)

⬇

Der Mensch muss eine Wahl treffen.

⬇

Tragik
(Frage der Möglichkeit von Wahlfreiheit)

Abb. 7: Daru, der tragische Held und das Absurde

6. Interpretationsansätze

Das Ende der Novelle beschreibt eine im Camus'schen Sinne wahrhaft absurde Situation. Der Mensch, in diesem Falle Daru, muss eine Wahl treffen, aber welche Wahl er trifft, hat keine Bedeutung.

Gesellschaftlich-politische Interpretation

Den philosophischen Interpretationsansatz sollte man nicht außer Acht lassen, es ist jedoch unabdingbar, die Novelle auch als Einblick in die gesellschaftlich-politische Situation besonders der franko-algerischen Kolonialgeschichte zu sehen, den Aufstand der Araber gegen die Franzosen, die Auswirkungen der Kolonialgeschichte und des Algerienkrieges.

Olivier Todd, der Biograph Camus', schrieb, dass Camus Algerien immer im Herzen getragen habe. Seinen Aussagen zufolge habe Camus einmal gesagt: »Nous sommes les juifs de la France – victimes de la discrimination de la métropole.«[23] Mit seinen *Chroniques Algériennes* wollte Camus erreichen, dass Frankreich seine Verantwortung für die ehemalige Kolonie anerkennt, dass die Menschen verstehen, dass es Algerien gibt (»L'Algérie existe«) und dass die

■ Franco-algerische Geschichte

Bedeutung: une importance | **etw. außer Acht lassen:** négliger qc, ne pas tenir compte de qc | **unabdingbar:** indispensable | **gesellschaftlich-politische Situation:** la situation socio-politique | **Aufstand:** une insurrection, un soulèvement | **Auswirkung(en):** les répercussions (*f. pl.*) | **Verantwortung für etw. anerkennen:** assumer la responsabilité pour qc | **etw. anerkennen:** respecter qc

6. Interpretationsansätze

Metropole ihre Zukunft nicht ohne Algerien planen kann. Im Vorwort zu den *Chroniques Algériennes* definiert er die einzige mögliche Zukunftsvision als »[...] celui où la France, appuyée inconditionnellement sur ses libertés, saura rendre justice, sans discrimination, ni dans un sens ni dans l'autre, à toutes les communautés de l'Algérie. Aujourd'hui, comme hier, ma seule ambition, en publiant de libre témoignage, est de contribuer, selon mes moyens, à la définition de cet avenir.«[24] Unter der Überschrift »Misère de la Kabylie« beschreibt Camus Elend und Hunger der algerischen Landbevölkerung. In den Kapiteln »La famine en Algérie« und »L'enseignement« wird klar, was Camus mit der *misère* und der besonderen Betroffenheit der Schulkinder in *L'Hôte* meinte. Das Bild des Gendarmen am Anfang der Novelle, der als Vertreter der Kolonialgewalt einen gefesselten, den Kopf gesenkt haltenden Araber führt, könnte auf ein 1956 in *L'Express* publiziertes Photo, auf dem ein Gendarm einen Algerier kaltblütig erschoss, hindeuten, das Camus sicher kannte. Das Photo gab in Frankreich Anlass zu heftigen Angriffen auf das Vorgehen der französischen Armee in Algerien.[25] Camus verwendet dieses Bild sicher als Anklage gegen das Verhalten der französischen Verwaltung in Algerien.

---

une ambition: Bestreben, Absicht, Ehrgeiz | **le témoignage:** hier: Erfahrungsbericht | **la famine:** Hungersnot | **Anlass geben zu:** donner l'occasion (*f.*) de | **Vorgehen:** la manière d'agir, une intervention | **Anklage:** une accusation

59

6. Interpretationsansätze

■ Beschreibung des Verbrechens

Balduccis Umgang mit dem Araber und die Beschreibung seines Verbrechens ist stark rassistisch geprägt. Immer wieder bringt er den Gefangenen mit einem Tier in Verbindung. So bezeichnet er ihn als »zèbre« (S. 11,18). Das Verbrechen, das er begangen hat, erzählt Balducci in einer Art und Weise, die an <u>rituelle Tötungen</u> von Tieren in der islamischen Religion erinnern: »Enfin, bref, il a tué le cousin d'un coup de serpe. Tu sais, comme au mouton, zic!« (S. 12,16–18). Allerdings ist auch die Beschreibung des Ich-Erzählers nicht frei von rassistischen Untertönen. Er beschreibt die Lippen des Gefangenen als »pleines, lisses, presque négroïdes« (S. 9,17 f.), »épaisses« (S. 17,5), um ihm dann eine »bouche animale« (S. 18,20) zuzusprechen.

Insofern sieht W.-D. Albes Camus' Haltung zu Algerien sehr kritisch und wirft ihm vor, mit Daru nur einen anderen Vertreter des *colonisateur* geschaffen zu haben. Er bezeichnet Balducci als »gute[n] *colonisateur*«, als paternalistischen Vertreter Frankreichs und Daru als »heimliche[n] *colonialiste*«.[26] Seiner Meinung nach bleibt Darus Sympathie mit den Bewohnern des *Haut plateau* eher abstrakt, er spricht gar davon, dass Daru dem Araber den Weg zu den Nomaden als einzig »vernünftige« Wahl »<u>aufdrängt</u>«[27] und führt dies auf Camus' <u>Ablehnung</u> der FLN-Methoden zurück. Er erklärt so die philosophische und ideologische Grundposition Camus' als »kolonial (mit)be-

rituelle Tötung: la mise à mort rituelle | **jdm. etw. aufdrängen:** imposer qc à qn | **Ablehnung:** le refus, le rejet

6. Interpretationsansätze

dingt, d. h. als »Ausdruck des permanent bedrohten, entwurzelten, zwischen den Fronten zerriebenen »*colonisateur de bonne volonté*«[28]. Dies ist sicher eine heute nicht mehr nachvollziehbare und einseitig politische Position des Autors, der die speziellen Gegebenheiten und Camus' persönlich involvierte Situation als *pied-noir* nicht ausreichend berücksichtigt.

■ Daru als colonisateur de bonne volonté?

---

entwurzeln: déraciner | **nachvollziehbar:** compréhensible | **einseitig:** partial, e | **etw. berücksichtigen:** considérer qc, tenir compte de qc

7. Autor und Zeit

1913 Als Sohn des Landarbeiters Lucien Camus und seiner spanischstämmigen Frau Catherine Sintès wird Albert Camus am 7. November in Mondovi (heute: Dréan) in Algerien geboren. Sein Vater wird im Ersten Weltkrieg ins sogenannte Zuaven-Regiment eingezogen (›Zuaven‹ = wehrpflichtige Europäer, die im Maghreb lebten).

1914 Im Alter von 28 Jahren stirbt der Vater in der Schlacht von Marne für Frankreich. Albert Camus kennt nur ein Photo von ihm. Er wächst in ärmlichen Verhältnissen in Algier auf und wird von seiner Mutter und der strengen Großmutter aufgezogen.

1918–23 Camus besucht die *école communale*. Eine große Rolle spielt sein *instituteur*, Louis Germain, der frühzeitig Alberts Begabungen erkennt und ihn fördert. Daru trägt Züge dieses für Camus so wichtigen Grundschullehrers.

1923 Er erhält mit seiner Hilfe ein Stipendium am Lycée Bugeaud in Algier, was er bis zum Abitur behält. Alberts Hobbys sind Fußball, Schwimmen und das Theater.

Landarbeiter: un ouvrier agricole | **Begabung:** le talent | **fördern:** aider, encourager | **(Charakter-)Zug:** le trait (de caractère) | **Stipendium:** la bourse | **Torwart:** le gardien de but (*m.*)

7. Autor und Zeit

1928–30 Camus ist Torwart für Racing-Universitaire von Algier.

1930 Er macht sein Abitur. In dieser Zeit wird er zum ersten Mal von Tuberkuloseanfällen heimgesucht, unter denen der eigentlich so sportliche und bewegungsfreudige junge Mann sehr leidet. Zugleich entdeckt er immer mehr sein Interesse für Literatur und Philosophie. Besonders Gide und Malraux beeindrucken und prägen ihn. Er studiert Philosophie und *Lettres supérieures* (Literaturwissenschaft). Um sein Studium finanzieren zu können, nimmt Camus viele Gelegenheitsjobs an.

1934 Camus heiratet zum ersten Mal. Seine Frau heißt Simone Hié. Die Ehe wird zwei Jahre später wieder geschieden.

1935 Er tritt in die kommunistische Partei ein.

1937 Camus wird wegen seiner Differenzen mit der algerischen Volkspartei wieder von der Partei ausgeschlossen.

1936 Er erhält sein *diplôme d'études supérieures* für eine Arbeit zu Plotinus und Augustinus über »Métaphysique chrétienne et Néoplatonisme«.

Tuberkuloseanfall: une crise de tuberculose (f.) | **Gelegenheitsjob:** le petit boulot | **eine Ehe scheiden:** divorcer | **in eine Partei eintreten:** adhérer à un parti | **Volkspartei:** le parti populaire | **ausgeschlossen werden:** être exclu, e | **Métaphysique chrétienne et Néoplatonisme:** christliche Metaphysik und Neoplatonismus

7. Autor und Zeit

Wegen der ihn immer mehr einschränkenden Tuberkulose kann Camus die *agrégation* (Abschluss für Hochschullehrer in Frankreich) nicht machen. In dieser Zeit <u>manifestiert sich</u> auch seine <u>Begeisterung</u> für das Theater. Er <u>gründet</u> die Gruppe »Théâtre du Travail«, für die er inszeniert, und erhält außerdem ein Engagement als Schauspieler von der Theatergruppe von Radio Algier. Später dann, nach Auflösung dieses Theaters, tritt er der Gruppe *L'Equipe* bei.

1937 Camus wird Journalist bei der Zeitung *Alger républicain*, geleitet von Pascal Pia, wo er vom <u>Lokalredakteur</u> bis zum <u>Herausgeber</u> praktisch alle Aufgaben einmal macht. Er kämpft vor allem gegen den aufkommenden Faschismus.

1939 Im Jahr des Ausbruchs des Zweiten Weltkriegs veröffentlicht Camus *Noces* und *L'Eté*, eine Sammlung autobiographischer Essays.

1940 Camus beendet seinen berühmtesten Roman, *L'Étranger*, der ebenfalls in Algerien spielt und den ersten Teil des philosophischen Essays *Le Mythe de Sisyphe*. In diesem Jahr heiratet er Francine Faure, eine Algerierin aus Oran.

1941 Camus arbeitet für die <u>Résistancebewegung</u>

---

sich manifestieren: se manifester | **Begeisterung:** un enthousiasme | **gründen:** fonder | **Lokalredakteur(in):** le rédacteur / la rédactrice locale | **Herausgeber(in):** le directeur / la directrice (de la publication) | **Résistancebewegung:** la Résistance (Französische Widerstandsbewegung gegen den Faschismus)

7. Autor und Zeit

Abb. 8: Porträt Camus'. – CC BY-SA 3.0 / Fotograf unbekannt

7. Autor und Zeit

(Mouvement de Libération Nord«) vor allem im Bereich geheime Nachrichten und Presse.

1942 Camus lebt bis zur Befreiung Frankreichs von seiner Frau getrennt. Im Juli 1942 erscheint »L'Étranger«.

1943 *Le Mythe de Sisyphe* erscheint. Im gleichen Jahr spielt Camus Garcin in *Huis clos* von Sartre.

1944 Camus arbeitet als Journalist für die Untergrundzeitung *Combat*. Im gleichen Jahr trifft er zum ersten Mal Jean-Paul Sartre (1905–1980), Frankreichs berühmtesten Schriftsteller, Existentialisten und politischen Intellektuellen.

1945 Camus ist bei André Gide (1869–1951), als er die Nachricht vom Kriegsende erhält. Gleich darauf kommt es zu Unruhen, Massakern und Repression in Sétif. Camus fährt nach Algerien, um zu recherchieren. Am 5. September dieses Jahres werden seine Zwillinge Jean und Catherine Camus geboren.

1946 Camus unternimmt eine Reise in die USA, wo er von der intellektuellen Jugend gefeiert wird.

1947 Der Roman *La Peste* erscheint und hat sofort einen großen Erfolg.

1950–58 *Actuelles I, II et III* erscheinen, in denen Camus die Situation in Algerien in vielen Essays beschreibt und Lösungsvorschläge für den Kon-

---

geheim: clandestin, e; secret, -ète | **Untergrundzeitung:** un journal clandestin | **Lösungsvorschlag:** la proposition de résoudre (un problème)

7. Autor und Zeit

flikt macht. Diese Essays werden von der internationalen Presse praktisch verschwiegen.

1951 Der Essay *L'Homme Révolté* wird veröffentlicht, der eine Polemik unter den Intellektuellen in Frankreich auslöst.

1952 Es kommt zur Auseinandersetzung und zum Bruch mit Jean-Paul Sartre.

1956 Der Roman *La Chute* erscheint.

1957 Camus erhält als jüngster Preisträger den Literaturnobelpreis und hält seine berühmte Rede *Discours de Suède*. Die Arbeit wird für Camus wegen seiner Krankheit immer schwieriger, dennoch arbeitet er weiter.

1960 Am 4. Januar stirbt Camus bei einem Autounfall im Wagen des Neffen seines Verlegers Michel Gallimard. Im Unfallauto wird das Manuskript von *Le Premier Homme* gefunden, das 1994 veröffentlicht wird.

---

etw. verschweigen: taire qc | **Polemik:** la polémique | **etw. auslösen:** déclencher qc | **Bruch:** la rupture | **la chute:** der Fall | **Literaturnobelpreis:** le prix Nobel de littérature | **Rede:** le discours | **Autounfall:** un accident de voiture (*f.*) | **Verleger(in):** un éditeur / une éditrice | **Manuskript:** le manuscrit

8. Rezeption

L'Hôte als *bande dessinée*

Die Bearbeitung von literarischen Klassikern als *bande dessinée* (BD) ist in den letzten Jahren – v. a. in Frankreich – immer bedeutender geworden. Es gibt z. B. eine sehr gelungene BD der Novelle *Boule de suif* von Maupassant, aber auch viele andere literarische Werke, z. T. sehr umfangreiche und anspruchsvolle, sind zeichnerisch umgesetzt worden, bis hin zu der viel beachteten Proust-Adaption von *A la recherche du temps perdu*, gezeichnet von Stéphane Heuet (BD in 6 Bänden, 1998–2013). Unter dem Titel »*L'Hôte*, de Jacques Ferrandez: dans le djebel avec Camus« bezeichnet Yves-Marie Labé die BD als »une subtile adaptation du roman d'Albert Camus en BD«.[29] In der Tat zeugt die BD-Fassung der Novelle von Ferrandez sowohl von dessen Kenntnis des Landes als auch der Werke Camus'. Er hat auch eine BD-Fassung des berühmtesten Camus'schen Werkes *L'Étranger* gemacht, die 2013 erschienen ist. Kurz vor der Veröffentlichung von *L'Hôte* hatte Ferrandez seine *Carnets d'Orient*, eine zehnbändige BD, fertiggestellt, die die Geschichte Algeriens, vor allem während der Kolonialisierung (1830 und 1962), zum Thema hat. Seine BD zu *L'Hôte* ist eine sehr verständnisreiche und kluge

---

anspruchsvoll: exigeant, e | **zeichnerisch:** graphique | **le djebel:** (aus dem Arabischen) Berg oder Bergmassiv

8. Rezeption

Bearbeitung der Novelle. Der algerische Schriftsteller Boualem Sansal bezeichnet in seinem Vorwort zur BD Camus als »un homme des hauteurs«, der »le djebel«, das karge nordafrikanische Bergmassiv, liebte. Genau dieses Gefühl der Liebe zu den Bergen und gleichzeitig die Darstellung der Unwirtlichkeit dieser Landschaft, werden in den <u>Aquarellen</u> von Ferrandez sehr <u>eindrücklich</u> gezeigt. Die relativ ausführlichen Landschaftsbeschreibungen der Novelle werden graphisch umgesetzt, die Gesichter der Protagonisten sind so gezeichnet, dass zum einen Darus Verbundenheit mit Land und Leuten, seine Freude am Beruf, seine Einsamkeit und die Härte des Lebens gut zum Ausdruck kommen. Die sehr knappen Dialoge reduzieren die Novelle auf <u>das Wesentliche</u>, besonders eindrucksvoll ist die Szene am Scheideweg umgesetzt. Hier zeigt Ferrandez den Gesichtsausdruck der beiden Protagonisten in sehr eindrücklichen graphischen Übertragungen der Camus'schen Sprache, was die Novelle zu einem visuellen Kunstwerk macht.

■ Kluge zeichnerische Bearbeitung der Novelle

L'Hôte als Film: *Loin des Hommes* (2014)

David Oelhoeffens Film *Loin des Hommes* (dt. *Den Menschen so fern*) ist eine Umsetzung der Camus'schen Novelle als Kinofilm – eine Mischung aus Western und existentialistischer <u>Parabel</u>. Der Titel

---

Aquarell: une aquarelle | **eindrücklich:** impressionnant, e | **das Wesentliche:** l'essentiel (*m.*) | **Parabel:** la parabole

Abb. 9: Ausschnitte aus *Jaques Ferrandez, L'Hôte. D'après la novelle d'Albert Camus tirée de l'Exil et le Royaume.* – © Édition Gallimard Jeunesse

8. Rezeption

bezeichnet zum einen die Abgeschiedenheit der kabylischen Berge und bezieht sich zum anderen auf den Aspekt des Menschlichen in politischen Krisenzeiten: auf der einen Seite steht dabei die Rache der Algerier, auf der anderen die Staatsgewalt des französischen ›Mutterlandes‹. Wie in Camus' Kurzgeschichte konfrontiert Oelhoeffen seine Figuren mit dem menschlichen Dilemma, Entscheidungen treffen zu müssen: Muss ich als Staatsbürger einer Kolonialmacht Anordnungen meiner Befehlshaber folgen? Kann ich meinem Vaterland den Rücken kehren? Oelhoeffen hat sich zwar durch Camus inspirieren lassen, ist aber sehr frei mit dem Stoff umgegangen. 1954, zu Beginn des Algerienkrieges, sind zwei Männer, die unterschiedlicher nicht sein könnten, gezwungen, miteinander durch das algerische Atlasgebirge zu fliehen. Im Film werden Daru und Mohamed – der Araber trägt hier einen Namen – einerseits von den kabylischen Dorfbewohnern, andererseits von revanchistischen Kolonialfranzosen verfolgt. Die beiden Männer wehren sich und kämpfen dafür, dass sie gemeinsam ihre Freiheit erlangen. Viele Episoden sind im Film hinzugefügt, zum Teil wohl auch inspiriert von Camus' *Les Chroniques Algériennes*. Die Persönlichkeit des Gefangenen ist wesentlich ausführlicher und differenzierter charakterisiert. Im Film ist Daru

■ Freie Bearbeitung des Stoffs

Abgeschiedenheit: un isolement | **Rache:** la vengeance | **Staatsgewalt:** une autorité de l'État | **Befehlshaber(in):** le commandant / la commandante | **sich inspirieren lassen:** se laisser inspirer | **erlangen:** obtenir | **hinzufügen zu:** ajouter à

8. Rezeption

ein Reservekommandant der ALN (Armée de Libération Nationale), einer Vorläuferorganisation des FLN. Im Film gibt es auch wesentlich mehr Figuren als in der Novelle.

9. Prüfungsaufgaben mit Lösungshinweisen

Aufgabe 1

L'Algérie et la France : la déchirure

L'Algérie est une partie de la France : il n'est pas question qu'elle puisse s'en détacher. Nous sommes en 1954. Il est vrai qu'à cette époque, la grande majorité des Français croit encore à la «mission civilisatrice» de leur pays. L'armée qui, en 1954, part défendre les intérêts de la France et qui vient de se voir dotée de pouvoirs spéciaux, considère qu'elle a une mission à accomplir, la consolidation de l'Algérie française. Mais deux ans plus tard, le cours des événements se précipite. Une issue pacifique est inconcevable, d'autant plus que le pétrole qui jaillit dans le Sud saharien est pour la France une promesse d'indépendance énergétique. Une raison de plus pour rester en Algérie. Depuis 1956, l'Assemblée s'est déchargée de ses responsabilités et a donné les pleins pouvoirs à une armée qui dans le seul but d'isoler le FLN regroupe les populations dans des camps, fait tout pour repérer le fellagha, s'entraîne à la torture et élimine les suspects. En quelques mois, près de 400 000 militaires «sévissent» sur le sol algérien. Et lorsque fin 56, début 57, des bombes explosent, tuant de nombreux civils, le gouvernement français donne les pleins pouvoirs au général Massu. Il est verbalement incité à utiliser tous les moyens. La torture est devenue une institution. Avec l'arrivée du général de Gaulle en 1958, elle se fera un peu plus discrète sur le sol algérien, contrairement à la métropole où la police française «bascule» elle aussi dans la répression. Peu glorieuse pour la nation sera la fameuse journée du 17 octobre 1961. Ce jour-là, la Fédération de France du FLN algérien organise un rassemblement à Paris. On proteste contre le couvre-feu imposé aux Maghrébins. En fait on veut aussi soutenir ouvertement l'indépendance de l'Algérie. La manifestation est interdite. Ce jour-là, de véritables meurtres furent commis. Les cadavres d'une soixantaine d'Algériens furent repêchés dans la Seine ou retrouvés dans les bois de la région parisienne. Jusqu'à aujourd'hui, aucun coupable n'a été désigné. L'armée française torture. Quelques intellectuels comme André Malraux ou Jean-Paul Sartre, sont les seuls à prendre position. Silence des voix officielles, mutisme de la radio contrôlée par l'État. La lassitude d'une guerre sans nom qui s'éternise fera basculer l'opinion. À partir de début 1957 – date où l'on note une aggravation des combats en Algérie – on voit apparaître une fêlure dans la conscience politique de la métropole. Les Algériens du FLN ont décidé de porter la guerre dans les villes. L'organisation de l'armée secrète (OAS) est née en février 1961. Qui rassemble-t-elle? Des militaires, des Français d'Algérie qui ne peuvent accepter l'indépendance. On estime que plus de 1500 personnes firent partie, plus ou moins activement, de cette organisation. Quant aux pieds-noirs, ils se déclarèrent presque tous en faveur de l'OAS. Elle sera tenue responsable, entre avril 61 et la mi-juin 62, de près de 800 attentats rien qu'à Paris. Le 3 juillet 1962, l'Algérie devient indépendante.

Au total, 968 685 Européens quitteront l'Algérie. La période de croissance et le plein emploi facilitent leur réinsertion. Parmi ces rapatriés, 60 000 harkis fuient les représailles. Ils conserveront la nationalité française. Aujourd'hui, leurs difficultés d'insertion ne sont toujours pas résolues. Et l'indemnisation des rapatriés fait toujours l'objet de polémiques.

Adaptiert nach : L'Algérie et la France: la déchirure. In: Ecoute. La déchirure. 35 Jahre Unabhängigkeit (Themenheft Algerien). 3/1997. – © Écoute 3 / 1997, www.ecoute.de

Vocabulaire:
1 la déchirure: Riss • 3 se détacher de: sich abspalten von • 7 être doté, e de: ausgestattet sein mit • 10 se précipiter: sich überstürzen • 10 l'issue (f.): Ausweg • 10 f. inconcevable: unvorstellbar • 14 se décharger de qc: etw. abgeben • 16 FLN: *Front de Libération National*: algerische Unabhängigkeitsbewegung • 17 repérer qn: jdn. ausfindig machen • 17 le fellagha: algerischer Partisan • 19 sévir: hart durchgreifen • 22 inciter à: anstiften zu • 30 f. le couvre-feu: Ausgangssperre • 35 repêcher: aus dem Wasser fischen • 37 torturer: foltern • 40 le mutisme: Schweigen • 40 la lassitude: Überdruss, Müdigkeit • 41 s'éterniser: sich in die Länge ziehen • 43 f. la fêlure: Riss • 57 la réinsertion: Wiedereingliederung • 57 le harki: *soldat algérien qui luttait pour les Français* • 60 une indemnisation: Entschädigung • 60 le rapatrié: Aussiedler, Algerier in Frankreich

9. Prüfungsaufgaben mit Lösungshinweisen

Arbeitsauftrag

Lisez le texte *L'Algérie et la France: la déchirure* et décidez si les phrases suivantes sont vraies ou fausses. Indiquez la ligne.
Exemple: Au début des années 50, il est peu difficile de convaincre les Français de leur devoir envers l'Algérie. – vrai, ligne 2–5

1. En 1956, une solution acceptable pour les deux pays est possible.
2. La France promet à l'Algérie de devenir indépendante grâce à son pétrole.
3. Plus tard, le gouvernement se décharge de ses responsabilités en faveur du général Massu.
4. Le général de Gaulle met fin à la torture.
5. En 1961, il y a une manifestation à Paris, organisée par le FLN algérien et la police française.
6. Le couvre-feu est généralement accepté par les Maghrébins.
7. On a trouvé soixante morts dans la Seine.
8. Le sujet de la torture est abordé par tous.
9. Heureusement, la France n'a pas eu de difficultés de réinsertion avec les rapatriés, grâce à la croissance et au plein emploi.

Lösungshinweise

1. faux, l. 10 s. • 2. faux, l. 11–14 • 3. vrai, l. 21 s. •
4. faux, l. 23–27 • 5. faux, l. 28–30 • 6. faux, l. 30 s. •
7. vrai, l. 34–36 • 8. faux, l. 37–40 • 9. faux, l. 58–61

9. Prüfungsaufgaben mit Lösungshinweisen

Aufgabe 2

Arbeitsauftrag 1: Compréhension

Lisez le passage du départ de Balducci et son entretien avec Daru sur le crime de l'Arabe et l'affront que Daru a fait à Balducci (p. 14, l. 3 : « Le révolver brillait … » – p. 15, l 22 : « … il entra dans sa chambre »).
Décidez si les phrases suivantes sont vraies ou fausses. Indiquez la ligne. Si la phrase est fausse, corrigez-la.
1. Daru refuse de livrer l'Arabe.
2. Daru veut battre l'Arabe parce qu'il le dégoûte.
3. Balducci s'est habitué à attacher les prisonniers avec une corde.
4. Balducci réfléchit à ce que Daru a dit.
5. Daru doit signer qu'il a accueilli le prisonnier.
6. Balducci veut bien que Daru l'accompagne à la porte.
7. Balducci est heureux de laisser l'Arabe chez Daru et de partir.
8. Balducci repart sans se retourner.
9. Daru parle français avec l'hôte.
10. Daru prend le revolver et le met dans sa poche.

9. Prüfungsaufgaben mit Lösungshinweisen

Lösungshinweise

1. vrai, p. 14, l. 7 s.: «Mais je ne le livrerai pas.» • 2. faux, p. 14, l. 8: «Me battre …» • 3. faux, p. 14, l. 12 s.: «Mettre une corde … honte.» • 4. vrai, p. 14, l. 19: «Balducci faisait un visible effort de réflexion.» • 5. vrai, p. 14, l. 23 s. / l. 27: «Tu vas … me signer le papier.» / «Mais tu dois signer …» • 6. faux, p. 15, l. 6.: «Non, … Ce n'est pas la peine …» • 7. faux, p. 15, l. 8 s.: «… renifla d'un air chagrin …» • 8. vrai, p. 15, l.15: «… sans se retourner …» • 9. faux, p. 15, l. 18 s.: «… dit l'instituteur en arabe …» • 10. vrai, p. 15, l. 21: «… prit le revolver … poche.»

Arbeitsauftrag 2: Analyse

> «Tout ça me dégoûte, et ton gars le premier.» Expliquez pourquoi Daru est d'un côté dégoûté par l'Arabe et de l'autre côté ne veut pas le livrer.

Lösungshinweise

Daru est profondément dégoûté par le crime de l'Arabe, mais il ne donne pas d'explication pourquoi il en est dégoûté dans cette partie du texte. On sait qu'il a demandé ce que le prisonnier avait fait à Balducci (p. 12, l. 8) et on connaît sa réaction: «Une colère subite vint à Daru contre cet homme, contre tous les hommes et leur sale méchanceté, leurs haines inlassables, leur folie du sang» (p. 12, l. 21–23). Daru est dégoûté par la méchanceté et le mal en

9. Prüfungsaufgaben mit Lösungshinweisen

général. En ce qui concerne les raisons pourquoi il ne veut pas livrer l'Arabe, on ne peut également que formuler des hypothèses. Il dit à plusieurs reprises qu'il ne livrera pas le prisonnier (p. 14, l. 7, 15). Il se sent peut-être en traitre après avoir hébergé le prisonnier.

Arbeitsauftrag 3: Rédaction

> Daru veut savoir un peu plus sur le crime de l'Arabe. Il parle avec lui en essayant de lui poser des questions concernant le crime et lui dit après son opinion. Rédigez le dialogue entre les deux.

Lösungshinweise

Balducci avait dit à Daru de quel genre était le crime: Il a commis un meurtre. Il a tué son cousin. La raison n'est pas claire («L'un devait du grain à l'autre, paraît-il», p. 12, l. 15 s.).

Le dialogue pourrait commencer de manière suivante:
Daru: Ecoute, Balducci m'a parlé d'un crime que tu aurais commis.
Arabe: Oui.
Daru: De quel crime s'agit-il?
Arabe: C'est une affaire de famille.
Daru: De quel genre?
…

9. Prüfungsaufgaben mit Lösungshinweisen

Aufgabe 3

Arbeitsauftrag 1: Compréhension

Daru et l'Arabe passent la nuit dans la même chambre et Daru ne peut pas dormir. Lisez son monologue intérieur et ce qui s'est passé le lendemain (p. 20, l. 1 : «Au milieu de la nuit …» – p. 24, l. 9 : «… Allons, dit Daru.»). Décidez si les phrases suivantes sont vraies ou fausses. Indiquez la ligne. Si la phrase est fausse corrigez-la.
1. La scène joue à minuit.
2. D'habitude Daru porte un pyjama pour dormir.
3. Daru se rhabille pendant la nuit.
4. La nuit n'est pas noir et Daru peut voir l'Arabe.
5. Daru se sent gêné par la présence de l'Arabe.
6. C'est une nuit tranquille sans vent.
7. Daru pense qu'il y a une fraternité entre les hommes qui partagent une chambre.
8. Daru ne remarque pas que l'Arabe quitte la chambre.
9. Daru a pensé au revolver qui était dans le tiroir du bureau.
10. Daru essaie d'attraper l'Arabe qui s'enfuit.

9. Prüfungsaufgaben mit Lösungshinweisen

Lösungshinweise

1. vrai, p. 20, l. 1: «Au milieu de la nuit …» • 2. faux, p. 20, l. 3: «… il couchait nu habituellement.» • 3. faux, p. 20, l. 5–7: «… la tentation … adversaire…» • 4. vrai, p. 20, l. 11–13: «… la nuit redevint vivante … devant lui.» • 5. vrai, p. 20, l. 23 «… cette présence le gênait.» • 6. faux, p. 20, l. 17: «… le vent grandit.» • 7. vrai, p. 20, l. 24 – p. 21, l. 5: «… une sorte de fraternité … de la fatigue.» • 8. faux, p. 21, l. 16–24: «Il continua d'observer … refermer.» • 9. vrai, p. 21, l. 14 s.: «… le revolver était resté … bureau.» • 10. faux, p. 21, l. 24 s.: «Il fuit … Bon débarras!»

Arbeitsauftrag 2: Analyse

> «Bon débarras!» Expliquez cette pensée de Daru en tenant compte de la description des sentiments de Daru pendant la nuit qu'il passe avec son hôte. Analysez cette partie du texte.

Lösungshinweise

Nuit de tension extrême – il dort peu – il observe l'Arabe – il a peur – le vent se lève – la présence de L'Arabe gêne Daru – la fraternité indésirable – Daru est en alerte – le revolver – pensée au lendemain – soulagement quand il se lève – il croit à une fuite.

9. Prüfungsaufgaben mit Lösungshinweisen

Arbeitsauftrag 3: Rédaction

Imaginez la situation suivante: Daru ne peut pas dormir et pense à la visite de Balducci et à son ordre. Il réfléchit à ce qu'il va faire le lendemain avec le prisonnier. Rédigez son monologue intérieur.

Lösungshinweise

Le monologue pourrait commencer de manière suivante:

Oh non, je n'arrive pas à dormir. Ce Balducci, il n'a aucune idée dans quelle situation il m'a mis. Pour lui c'est simple: «C'est l'ordre! Tu dois le livrer!» Mais moi, qu'est-ce que je fais? Pendant des années j'enseigne les enfants arabes. Je vis ici, dans ce trou perdu dans leur pays, dans mon pays. Je ne peux pas trahir un des leurs, un des nôtres. Qu'est-ce que je pourrais faire avec lui?
…

10. Literaturhinweise/Medienempfehlungen

Textausgaben

Camus, Albert.: L'Hôte. Le Premier Homme. Extraits. Stuttgart: Reclam, 1997.

Camus, Albert: Essais. Paris: Gallimard, 1965. [Hierin v.a.: Le Mythe de Sisyphe, S. 99–198; L'Homme Révolté, S. 413–704; Actuelles III. Chroniques Algériennes, S. 891–1015; Discours de Suède, S. 1069–1075.]

Camus, Albert: Théâtre, Récits, Nouvelles. Paris: Gallimard, 1962. [Hierin: Notes et variantes sur *L'Hôte*, S. 2048–2049; L'Étranger. Roman, S. 1125–1212.]

Sekundärliteratur

Der Fremdsprachliche Unterricht Französisch. Camus. H. 103. Februar 2010.

Ecoute. La déchirure. 35 Jahre Unabhängigkeit (Themenheft Algerien). 3/1997.

Interkulturelle Landeskunde. Le Maghreb. H. 86. April 2007. [Hierin: Algerien entdecken: Von der Fiktion zur Realität, S. 36–39.]

Albes, Wolf-Dietrich: Albert Camus und der Algerienkrieg: die Auseinandersetzung der algerienfranzösischen Schriftsteller mit dem »Directeur de conscience« im Algerienkrieg (1954–1962). Tübingen 1990. [Hierin: L'Hôte, S. 43–81.]

Albes, Wolf-Dietrich: L'Hôte. La nouvelle d'Albert Camus et la bande dessinée de Jacques Ferrandez dans le contexte colonial. Paris 2014.

10. Literaturhinweise/Medienempfehlungen

Frech, Eva / Zoch, Helga: Découvrir la littérature autrement. *L'Hôte* de Camus en bande dessinée. Eine Unterrichtsreihe für die Oberstufe. Stuttgart 2011.

Lebesque, Morvan: Albert Camus in Selbstzeugnissen und Bilddokumenten. Monographien Nr. 50. Rowohlt, Reinbek 1960.

Lévy, Bernard-Henri: Le Monde – Hors série: Albert Camus (1913–1960). La révolte et la liberté. Un philosophe artiste. September/November 2013.

Pelz, Manfred: »Die Novellen von Albert Camus – Interpretationen«. In: Französische Literatur- und Sprachstudien. Reihe A: Literaturwissenschaft. Bd. 1. Freiburg 1973. S. 140–174.

Schmidt, Stefan (Hrsg.): Albert Camus: L'hôte. Handreichungen für den Unterricht mit Kopiervorlagen. Berlin 2011.

Walter, Rolf: A. Camus: »L'hôte. Arbeit mit BD und Textvorlage«. In: Fortbildungsreihe: Vive la BD – le plaisir de lire. Jg. 2015/16.

Bandes Dessinées

Ferrandez, Jacques: L'Hôte. D'après l'œuvre d'Albert Camus. Paris: Gallimard, 2009.

Ferrandez, Jacques: Carnets d'Orient. Bde. 1–10. Paris: Casterman, 1990.

Ferrandez, Jacques: L'Étranger. D'après le roman d'Albert Camus. Paris: Gallimard, 2013.

Lenzini, José, Laurent, Gnoni: Camus. Entre Justice et mère. Editions Soleil: Paris/Straßburg, 2013.

10. Literaturhinweise/Medienempfehlungen

Verfilmung

Loin des hommes. Regie: David Oelhoffen. Hauptdarsteller: Viggo Mortensen, Reda Kateb. 110 Minuten. Frankreich 2014.

Internetquellen

Kritik zur Verfilmung *Den Menschen so fern*: www.spiegel.de/kultur/kino/den-menschen-so-fern-viggo-mortensen-beeindruckt-a-1042367.html (Spiegel-online: 9.7.2015).
Rezension des BD von Jacques Ferrandez: www.lemonde.fr/livres/article/2009/12/03/l-hote-de- jacques-ferrandez_ 1275345_3260.html
Informationen zum Algerienkrieg: portail-du-fle.info/images/stories/algerie/dossier.pdf
Übersicht über die Anschläge der FLN im Algerienkrieg: bone.piednoir.net/titre_rubrique/listes%20de%20victimes/annee54.html

11. Anmerkungen

1 Jean-Paul Sartre, *L'Existentialisme est un humanisme*, Paris 1965, S. 17.
2 Vgl. Albert Camus, »Actuelles III. Chroniques Algériennes, 1939–1958«, in: *Essais*, Paris 1965, S. 891–1015.
3 Vgl. Manfred Pelz, »Die Novellen von Albert Camus – Interpretationen«, in: *Französische Literatur- und Sprachstudien, Reihe A: Literaturwissenschaft*, Bd. 1, Freiburg 1973, S. 140–174, hier S. 155.
4 Gero von Wilpert, *Sachwörterbuch der Literatur*, 5. Aufl., Stuttgart 1969, S. 526.
5 Ebenda.
6 Pelz (Anm. 3), S. 140–151.
7 Albert Camus, »Le Mythe de Sisyphe«, in: *Essais*, Paris 1965, S. 99–199, hier S. 113.
8 Ebenda, S. 141.
9 Ebenda.
10 Albert Camus: »L'Homme Révolté«, in: *Essais*, Paris 1965, S. 413–705, hier S. 432, 435.
11 Vgl. besonders Camus, »Chroniques Algeriénnes« (Anm. 2), S. 905–909.
12 Ebenda, S. 909.
13 Ebenda, S. 964.
14 Ebenda.
15 Ebenda, S. 964 f.
16 Ebenda, S. 965 f.
17 Albert Camus, »Appel pour une Trêve Civile en Algérie«, in: *Essais*, Paris 1962, S. 991–999, hier S. 993.
18 Ebenda S. 994.

11. Anmerkungen

19 Ebenda.
20 Albert Camus, »Discours de Suède«, in: *Essais*, Paris 1957, S. 1069–1075, hier S. 1072.
21 Pelz (Anm. 3), S. 154.
22 Camus, »Le Mythe de Sisyphe« (Anm. 7), S. 113.
23 Oliver Todd: »L'Algérie au coeur«, in: *Le Nouvel Observateur*, 14. 2. 1996, S. 37.
24 Camus, *Chroniques Algériennes* (Anm. 2), S. 899.
25 Vgl. Wolf-Dietrich Albes: *Albert Camus und der Algerienkrieg: die Auseinandersetzung der algerienfranzösischen Schriftsteller mit dem »Directeur de conscience« im Algerienkrieg (1954–1962)*, Tübingen 1990, S. 59).
26 Ebenda, S. 58, 69.
27 Ebenda, S. 73.
28 Ebenda, S. 80.
29 www.lemonde.fr/livres/article/2009/12/03/l-hote-de-jacques-ferrandez_1275345_3260.html (8.9.2017)

12. Zentrale Begriffe und Definitionen

Das Absurde [l'Absurde (m.)]: zentraler Begriff in der Philosophie von Camus. Er bezeichnet die Erkenntnis, dass der Versuch, Leid und Elend einen Sinn zu geben bedeutet, vor dem Leid in der Welt die Augen zu verschließen. Für Camus besteht das Absurde darin zu erkennen, dass das menschliche Streben nach Sinn in einer sinnleeren Welt vergeblich sein muss, aber nicht ohne Hoffnung bleibt. Sein Existentialismus fordert den aktiven, auf sich allein gestellten, atheistischen Menschen, der selbstbestimmt ein Bewusstsein neuer Möglichkeiten der Schicksalsüberwindung, der Auflehnung, des Widerspruchs und der inneren Revolte entwickelt. Eine der bekanntesten, hier sehr verkürzten Definitionen des Absurden finden wir in Camus' *Le Mythe de Sisyphe*.
▶ S. 9, 31–33, 55–58

Algerien [Algérie (f.)]: Staat im Nordwesten Afrikas. Algerien, als mittleres der Maghrebländer, ist der Fläche nach der größte Staat des afrikanischen Kontinents. Nach Einwohnern liegt Algerien mit gut 38 Millionen an achter Stelle. Es grenzt im Norden an das Mittelmeer, im Westen an Mauretanien, Marokko und die von Marokko beanspruchte Westsahara, im Süden an Mali und Niger und im Osten an Libyen sowie Tunesien. Das Land ist nach seiner Hauptstadt Algier (frz. *Alger*) benannt. Weitere bedeutende Großstädte sind Oran, Constantine, Annaba und Batna. Algerien ist seit 1962 (Algerienkrieg 1954–62) unabhängig und hat ein semipräsidientielles Regierungssystem (Verfassung aus dem Jahre 1996).
▶ S. 10, 34 f., 37 f., 58–60, 74–76

12. Zentrale Begriffe und Definitionen

Berber [le Berbère, la Berbère]: Angehöriger einer nordafrikanischen Völkergruppe, die in den Ländern ➤ Algerien, Libyen, Marokko, Mauretanien und Tunesien beheimatet ist. Kleinere Gruppen leben außerdem u.a. im östlichen Mali, nördlichen Niger und in der ägyptischen Oase Siwa. Ursprünglich verband die Berber ihre gemeinsame Sprache Tamazight (Berberisch), doch viele Berber haben diese ›Ursprache‹ infolge der Kolonisierung verloren. Ob der Name der Berber von dem griechischen Wort *bárbaros* abstammt, gilt als umstritten.
➤ S. 19

Colon (m.): Bezeichnung für Franzosen, die sich in Algerien ansiedelten, bevor sich der Begriff ➤ *pied-noir* durchsetzte. Diese Siedler stammten aus dem Mittelmeerraum, mehrheitlich aus dem ›Mutterland‹ Frankreich, namentlich Korsika [wie Balducci], dem Elsass und Lothringen.

Erlebte Rede [style indirect libre]: Wiedergabe von Gedanken einer handelnden Person. Die inneren Vorgänge werden durch die Perspektive der sie selbst erlebenden Person wiedergegeben, jedoch durch Verwendung der 3. Person in direktem und dadurch eher objektiv-unpersönlich erscheinendem Bericht.

Existentialismus [Existentialisme (m.)]: französische philosophische Strömung der Existenzphilosophie. ➤ Jean-Paul Sartres Satz »L'existence précède l'essence« (»Die Existenz geht der Essenz voraus«) aus dem 1946 veröffentlichten Essay »L'existentialisme est un humanisme« (»Der Existentialismus ist ein Humanismus«) ist die bekannteste Definition dieser philosophischen Richtung. Dieser Essay steht in engem Zusammenhang mit Sartres 1943 erschienenem philosophischen Werk *L'Être et le Néant* (*Das Sein und das Nichts*). Der Existentialismus kritisiert eine vorausgehende Sinnbestimmung des Menschen und setzt ihr die Existenz entgegen. Daraus erklärt sich die Fokussierung des Existentialismus auf die klassischen Themen der elementaren menschlichen Erfahrungen, auf Angst, Tod, Freiheit, Verantwortung und Handeln. Der Mensch kommt ohne vorher bestimmte Werte und Sinngebungen in die Welt und definiert sich allein durch seine Existenz, durch sein Handeln, für das er die volle Verantwortung trägt.

▶ S. 9, 31 f., 55 f.

FLN [Front de Libération Nationale (m.)]: Bei der Nationalen Befreiungsfront handelte es sich ursprünglich um eine Befreiungsbewegung in Algerien, später um eine sozialistisch ausgerichtete politische Partei des Landes. Der FLN wurde 1954 von ehemaligen Mitgliedern einer paramilitärischen Gruppe mit dem Ziel gegründet, Algerien von der französischen Kolonialherrschaft zu befreien. Der vom FLN angezettelte Aufstand führte im November 1954 zum Ausbruch des Algerienkriegs. Bis 1956 schlossen sich alle nationalistischen Gruppierungen des Landes dem FLN an. Dem bewaffneten Zweig des FLN, der sich ALN (Armée de Libération Nationale) nannte, gelang es im Krieg gegen Frankreich die Unabhängigkeit Algeriens zu erringen, wobei es zu einer hohen Zahl an zivilen Opfern kam, auch Massaker gegen sog. ▶ Harkis, muslimische Algerier, die in der französischen Armee dienten, wurden verübt. Nach der Unabhängigkeit Algeriens wurde 1962 Ahmed Ben Bella, der den FLN mitbegründet hatte, zunächst Premierminister, dann Staatspräsident. Zu diesem Zeitpunkt war der FLN die einzige zugelassene Partei des Landes. Da der islamistisch-arabische Flügel in den folgenden Jahren an Gewicht gewann, versuchte die Partei unter Houari Boumedienne (1965–1978), in ihrem politischen Programm einen Ausgleich zwischen Sozialismus und Islam zu schaffen. In den 1980ern kam es zu Protesten, die dazu führten, dass der FLN nicht länger alleinige Partei bleiben konnte. Es wurden nun weitere Parteien zugelassen.

▶ S. 12, 37, 40, 60, 73

Harki (m.): Der von arab. *haraka* (›Bewegung‹) abgeleitete Begriff bezeichnet im engeren Sinn Algerier, die während des Algerienkriegs (1953–62) auf der Seite der französischen Armee kämpften, und im weiteren Sinn algerische Muslime, die nicht für die Unabhängigkeit ihres Landes eintraten, sondern die Französische Republik unterstützten. Nach der vollständigen Besetzung Algeriens durch Frankreich im Jahr 1881 und der Erklärung des Landes zum französischen Staatsgebiet wurden algerische Muslime für einen sehr geringen Sold als Hilfssoldaten der französischen Armee rekrutiert. Im Algerienkrieg kam den Hilfstruppen der Harkis die Aufgabe zu, Anhänger des bewaffneten Zweiges des ▶ FLN aufzuspüren. Der FLN betrachtete die Harkis als Landesverräter. Während des Algerienkrieges und nach der Erklärung der Unabhängigkeit wurden Schätzungen zufolge 6 000 bis 10 000 Harkis vom FLN getötet. Die ehemaligen Kämpfer und ihre Angehörigen versuchten ihrer Verfolgung zu entgehen, indem sie nach Frankreich emigrierten. Dort waren sie un-

ter Charles de Gaulle jedoch nicht willkommen und mussten oftmals in ehemaligen Militär- und Internierungslagern leben. Eine soziale Integration dieser Gruppe konnte so über Jahrzehnte hinweg nicht gelingen. Unter der Regierung von Jacques Chirac wurde am 25. September 2001 ein »Tag der Nationalen Anerkennung« eingeführt, der an die Verdienste der Harkis für den französischen Staat und an begangenes Unrecht an sie erinnern sollte. 15 Jahre später erklärte François Hollande, Frankreich müsse »für die Massaker an den Harkis« und den »inhumanen Aufnahmebedingungen« im Land Verantwortung übernehmen.
➤ S. 76

Hôte (m.): Bedeutet sowohl »Gast« als auch »Gastgeber« z. B. in einer Unterkunft (Hotel, Pension). Als literarische Bezeichnung kann »Hôte« auch die Bedeutung von »Bewohner« haben. (»Les hôtes des bois.«). In der Biologie bezeichnet man damit ein Wesen, das einen Parasiten beherbergt. Im Französischen heißt die im Deutschen »Fremdenzimmer« genannte Unterkunft »Chambre d'hôte«.
➤ S. 8

Innerer Monolog [monologue intérieur (m.)]: Der Erzähler verschwindet hinter der Figur, spricht in der Ich-Form und teilt Gedanken, Assoziationen mit, wodurch eine Identifikation von Leser und Protagonist erzielt wird.
➤ S. 45, 47, 49, 52

Kabylei [Kabylie (f.)]: bevölkerungsdichte Region im Norden Algeriens, die an das Mittelmeer grenzt. Die dort einheimischen Kabylen sprechen die Berbersprache Kabylisch. Das Land ist aufgrund des steinigen Bodens unfruchtbar, doch es bieten sich keine Alternativen zu Landwirtschaft an. Armut und Arbeitslosigkeit beherrschen die Region. Politisch stellen sich die Kabylen gegen den islamischen Fundamentalismus.

▶ S. 7, 11, 28, 34–36, 49, 59, 72

Leitmotiv: Der Begriff ist aus der Musikwissenschaft entlehnt und bezeichnet bei einem literarischen Werk eine formelhaft wiederkehrende Wortfolge, das Aufzählen von Motiven, sprachlichen Bildern die gliedernde oder verbindende Funktion haben.

▶ S. 26, 51

Nomade [le nomade, la nomade]: Angehöriger eines nicht-sesshaften Volks von Jägern und Sammlern oder Hirten, das zumeist in einer kargen Region wie Steppe oder Wüste lebt. Die Bezeichnung leitet sich von altgr. *nomás* (›weidend‹, ›herumschweifend‹) ab. Die Wanderungen dieser Völkergruppen richten sich zumeist nach dem Wanderverhalten von Tierherden, denen sie folgen, um ihren Lebensunterhalt bestreiten zu können. Klimatische Gegebenheiten spielen hierbei eine große Rolle.

▶ S. 13, 29, 60

pied-noir (m.): wörtl. ›Schwarzfuß‹. Bezeichnung für Franzosen, die sich im Zuge der Eroberung durch Frankreich in Algerien ansiedelten. Die Bezeichnung setzte sich seit den 1950er Jahren durch. Zuvor war der Begriff ▶ *colon* üblich. Im Jahr 1962 machten die *pieds-noirs* ca. 13 Prozent der Bevölkerung Algeriens aus.

Das Wörterbuch *Larousse* definiert *pied-noir* als »Français d'origine européenne installé en Afrique du Nord jusqu'à

12. Zentrale Begriffe und Definitionen

l'époque de l'indépendance«. Der Begriff sei quasi synonym mit »rapatrié d'Algérie«.
➤ S. 10, 15, 34, 37 f., 75

Protagonist [le protagoniste, la protagoniste]: wertneutraler Begriff für die Hauptfigur eines epischen oder dramatischen Textes, die wie Daru in Camus' *L'Hôte* im Zentrum der Handlung steht. Gegenspieler des Protagonisten ist der Antagonist.
➤ S. 7 f., 11, 20, 28, 45, 47, 69

Rahmenhandlung [intrigue (f.) d'encadrement (m.)]: Handlung, die – wie bei einem Bild – den äußeren Rahmen der Geschichte bildet. Sie bildet oftmals Anlass oder Hintergrund für eingebettete Binnenhandlungen.
➤ S. 26

Rapatriement (m.): Unter *rapatriement* versteht man, wie *Pons* definiert, »die Ausweisung ins Herkunftsland«, die »Entlassung ins Heimatland«, »die Rückführung«. *Rapatrié* (m.) ist die Bezeichnung für die entsprechend rückgesiedelte Person. Der französische Begriff bezieht sich auf den Verwaltungsstatus, der v. a. die Algerienfranzosen betraf und von der französischen Regierung verwendet wurde, um eine regelrechte Massenauswanderung (*exode* [m.]) zu kaschieren.
➤ S. 76

Sartre, Jean-Paul: (1905–1980) war ein französischer Schriftsteller, Dramatiker, Philosoph und Publizist. Er gilt als Vordenker und Hauptvertreter des Existentialismus und als Leitfigur der französischen Intellektuellen des 20. Jahrhunderts. Er war mit Simone de Beauvoir liiert. Er tauschte sich mit Camus aus, beschäftigte sich mit den gleichen

12. Zentrale Begriffe und Definitionen

Gedanken, der gleichen Philosophie, zerstritt sich aber mit ihm wegen philosophisch-politischer Divergenzen. Wie Camus, wurde auch ihm der Literaturnobelpreis verliehen, den er allerdings ablehnte.

➤ S. 26